非常鼓励

——正面管教解码

蒋玉燕 编著

宁波出版社

图书在版编目(CIP)数据

非常鼓励：正面管教解码/蒋玉燕编著.—宁波：宁波出版社,2016.2(2018.8重印)
ISBN 978-7-5526-2216-4

Ⅰ.①非… Ⅱ.①蒋… Ⅲ.①教育方法 Ⅳ.①G4

中国版本图书馆CIP数据核字(2015)第321715号

非常鼓励
—— 正面管教解码

编　　著	蒋玉燕
责任编辑	王松见
责任校对	叶呈圆　李　强
装帧设计	吉祥文化
出版发行	宁波出版社(宁波市甬江大道1号宁波书城8号楼6楼　315040)
网　　址	http://www.nbcbs.com
联系电话	0574-87287264(编辑部)　87242865、87279895(发行部)
印　　刷	浙江开源印刷有限公司
开　　本	880mm×1230mm　1/32
印张字数	7.25印张　155千字
版次印次	2016年2月第1版　2018年8月第2次印刷
标准书号	ISBN 978-7-5526-2216-4
定　　价	25.00元

版权所有　侵权必究

前　言

当我读完美国心理学家简·尼尔森所著的教育经典《正面管教》以及"正面管教"系列书籍后,最大的收获是:对鼓励概念有了全新的理解。为了将"正面管教"意义上的鼓励与常规鼓励相区别,我称之为"非常鼓励"。

"非常鼓励"的"非常"之处表现在两个方面:

一是鼓励的使用范围比常规鼓励更为广泛

从常规鼓励的角度来看,遭遇困难、失败、挫折和缺乏信心的孩子需要鼓励,行为表现良好的孩子应该鼓励。而"非常鼓励"不局限于此,正面管教理论认为,"行为不当的孩子也需要鼓励"!简·尼尔森在《正面管教》一书中反复重申这一观点,而且特别强调这种鼓励不会强化孩子的不良行为。

为什么行为不当的孩子需要鼓励? 正面管教先驱阿德勒有一个基本观点:一个行为不当的孩子是一个丧失信心的孩子,是一个缺乏归属感和价值感的孩子。

为什么这种鼓励不会强化孩子的不良行为? 因为孩子行为不当时,鼓励指向的是人(丧失信心的孩子),而不是事。不难理解,当

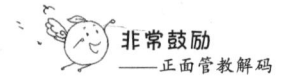

鼓励指向一个丧失信心的孩子，而不是指向其不当行为时，自然不会强化孩子的不当行为，相反只会帮助孩子提升自我价值感和归属感。

二是鼓励的操作方法比常规鼓励更为丰富

　　如果有人问，鼓励方法有哪些？大家会自然而然地想起肯定、表扬、夸奖之类。其实这只是用于鼓励孩子良好行为的常规方法。当学生遭遇困难、失败、挫折和缺乏信心时，当孩子行为不当时，又有哪些鼓励方法呢？我相信很多人都不能顺利地回答，我也不例外。读了"正面管教"系列书籍后，我才明白鼓励方法原来如此丰富多彩。共情、特别时光、非常班会（正面管教班会）、花时间训练、启发提问、赢得合作四步等五十多种正面管教工具都是可用于鼓励的方法。

　　常规鼓励（主要是不健康的表扬、赞美）无效、低效，这是许多老师、家长的共同困惑，因而需要运用突破常规的"非常鼓励"来激励孩子。我市一些优秀班主任的正面管教实践证明，当正确地运用特别时光、启发提问这些非常鼓励方法时，往往能比较轻松地赢得孩子的合作。李爱春老师曾用"特别时光"帮助学生戒除烟瘾，整个帮扶过程显得轻松而愉快（详见本书 P148）。叶华老师则用几个启发提问破解了班级的早读难题（详见本书 P29）。钱梦星老师使用一次目的揭示式的谈话，竟然化解了师生之间持续几周的隔阂（详见本书 P180）。这些似乎难以置信，但书里完整地记录了当时发生的真实故事。

　　"正面管教"四十年前源于美国，它以心理学家阿尔弗雷德·阿德勒和鲁道夫·德雷克斯的"个体心理学"理论为基础，由简·尼尔森、琳·洛特等教育专家组成的团队发展、完善为体验式课程和理论体系,主要应用于家长和教师培训。简·尼尔森所著的《正面管教》一书全球销量超过600万册。简·尼尔森和琳·洛特等所著的正面管教系列书籍共有20本,《正面管教》《正面管教A-Z——日常养育难题的1001个解决方案》《0-3岁孩子的正面管教》《3-6岁孩子的正面管教》《十几岁孩子的正面管教》《教室里的正面管教》等已经译成中文。自2010年正面管教引进中国以来,正面管教家长体验式课程已经在上海、深圳、北京等几十个城市如火如荼地开展,近几年正面管教教师体验式课程也开始走进中小幼校园。

正面管教的核心理念:归属感和自我价值感是所有人的首要目标,孩子尤其如此。孩子的归属感和自我价值感是如此重要,以至于这是决定他们在学校的表现(不论是学习成绩还是同学关系)的首要因素。

正面管教的根本特点是不惩罚、不娇纵、不过度控制。奖励和惩罚是老师和家长最常用的过度控制方式。

正面管教的基本态度是尊重、和善与坚定并行。

正面管教的重要策略是鼓励。

简·尼尔森指出,《正面管教》一书中讨论的每一种方法都是用来帮助孩子和大人感受到鼓励的。从这个意义上说,正面管教就是鼓励。正因为如此,就将这部践行正面管教的成果定名为"非常鼓励——正面管教解码"。

本书共有九个主题,每一个主题有两个主要板块:微型讲坛、情境故事。

微型讲坛,实际上是"正面管教"的经典解读。讲坛中,结合我

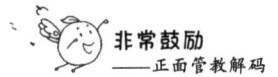

自己的体会,精要解读与九个主题相关的正面管教工具和态度,不了解正面管教者可以在最短时间内走进正面管教的大门,已经了解正面管教的朋友可以"温故而知精"。由于正面管教与某些理论体系有许多相通、相近之处,因而在经典解读部分还吸取了海姆·G·吉诺特、许维素等学者的相关研究成果。

情境故事,讲述一线老师们践行正面管教的真实故事。其中比较成熟的案例都具有一定的可复制性(不完善的案例也有其价值),因为它不是个性化很强的独家经验,而是凝结着正面管教理念、策略和方法的大智慧,因而具有普遍的借鉴意义。附于情境故事后面的追梦直击,则力求把隐含在情境故事中的"白玉"及"瑕疵"凸现出来,以使读者得到尽可能多的启发和帮助。

这本书其实是一个意外的成果,因为在与老师们一起学习、探索正面管教的过程中,我意外地遇见了那么多令人难忘的点点滴滴。

2012年4月开始,我在浙江省嵊州市教师进修学校班主任培训班上组织了几次《正面管教》读书活动。几个月后,我就开始推出"正面管教"专题讲座,迄今为止,讲课已不下几十场,听众有中小幼班主任、中小学管理人员、心理健康教育骨干教师、学科教师、学生家长等等。专题讲座后,来自当地老师和家长的反馈是对我最大的鼓励。

城南小学　蒋静燕

蒋老师,我用"正面管教"中"赢得合作的四步"处理与儿子的矛盾,很有效,谢谢您!今天我准备把您教的方法与年级组老师分享!

嵊州中学　商美虹

昨天听课回来后,我做了两件事情:一是设立每天20分钟的"特别时光";二是安排了每月一次的正面管教班会,明天学生回家前就会有关于致谢和讨论的一些尝试。

蛟镇中学　陈幼梅

听了您的讲座后,我学会了致谢。每次上课前我总是先感谢班上某个同学,我留意到被感谢过的那个学生,上课会特别认真。一段时间下来,他们越来越懂事。

黄泽镇中心小学　俞丹英

我在班级里尝试了"学生之间相互致谢"这一招,感觉两星期来,学生之间的关系变得融洽了,很尖锐的矛盾几乎没有了。

崇仁中学　邢老师

我做了很多工作,女儿才答应上小学的第一天起自己一个人睡,可事到临头又反悔了,我就用了正面管教中的一个工具"有限选择",效果很不错呢!

还有一些情形令我欣喜不已。许多老师实践正面管教后,整理出了完整的案例,其中有的获奖,有的发表。这正是促使我编写这本书的一个重要动因,我希望这些正面管教故事可以与更多的人分享,让大家对践行正面管教更有信心和动力。

在推出专题讲座的同时,我在《班主任之友》(小学版)上发表了《"非常班会"及其成功的要诀》《对行为不当孩子的非常鼓励》等"正面管教"读后感。《"非常班会"及其成功的要诀》交稿后,《班主任之友》杂志社的小陈编辑告诉我,编辑们非常喜欢,因为这文章实用。当时我自己还怀疑这班会在国内的可行性,因为有的学员试

了几次后因班额过大等原因放弃了。幸好本市鹿山小学的叶华老师帮我消除了疑虑。她发给我一个又一个班会案例,正面管教班会几乎成了叶老师管理班级的一个常规手段,一遇班级里的难事就开正面管教班会。后来,在与小陈编辑的聊天中得知,我的两篇读后感发表后,杂志社的一位领导也对正面管教发生了兴趣,说一定要去买一本来看看。

除了来自老师和专家的鼓励外,我还不断地分享着家长们的正面管教故事,有的凭着和善坚定的正面管教态度,孩子开始改变学习态度了,有的运用共情改善了亲子关系,有的尝试赢得合作的四步,得到了孩子的合作。我自己也抓住点滴机会验证正面管教原理的有效性,走亲访友时用正面管教策略鼓励遇见的孩子,在家里试着用正面管教与先生、女儿沟通,结果发现,很多时候十分灵验。凡此种种都坚定了我对正面管教的信念,我希望有更多的老师、家长、孩子成为正面管教的受益者,于是我便不厌其烦地向他人推荐"正面管教"这一易学好用的"宝贝"。有学校问我做什么课题好,我就建议做"正面管教"方面的课题(长乐镇校就在2012年立项了一个绍兴市级课题),有人问我读什么书好,我就推荐"正面管教",有学校邀请我做专题讲座,我就给他们讲"正面管教"。到省里参加心理教师专业发展项目培训,我又向班主任推介正面管教。可以说,最近几年里,我几乎是遇到谁,就向谁"推销"正面管教。编写这本书的初心正是为了让更多的老师和家长走近正面管教。

在书稿付梓之际,我衷心感谢给我极大鼓励的班主任朋友。他们的实践反馈,使我深切地认识到正面管教的价值,并给了我不断探索正面管教的信心和力量。我衷心感谢浙江省嵊州市长乐镇中心小学正面管教课题组,因为在参与课题研究的过程中,我接触到了更为丰富的正面管教学习资源。我衷心感谢浙江省第一位正面管教讲师卢奕含,因为卢老师的引路和帮助,让我这一正面管教讲师队伍中的"新兵",能在传播正面管教的路上大胆前行。我衷心感谢"汇智有方——正面管教""正面管教之家"两个专业团队的网络平台和微信平台,这些年来,是这里的家长正面管教故事滋养着我,伴随我成长。

最后,我要衷心感谢给我提供鲜活案例的本市及外地的老师们,没有他们的积极尝试,我真的很难收集到如此宝贵的正面管教素材。

目 录

前 言 …………………………………………… 001

第一课　用共情化解孩子的负面情绪 ………… 001
　微型讲坛　共情，从看见孩子的感受开始 ……… 002
　情境故事1　想哭就哭吧 …………………………… 004
　情境故事2　当与倔脾气学生相遇时 ……………… 007
　情境故事3　用共情轻轻叩开孩子的心扉 ………… 010
　情境故事4　小宝掀翻了桌子后 …………………… 013
　情境故事5　共情——远离师生冲突的秘诀 …… 016
　延伸阅读　陶行知眼中的孩子 …………………… 020

第二课　用启发提问引发孩子的自我教育 ……… 021
　微型讲坛　将"直接告诉"转化为"启发提问" … 022
　情境故事1　帮助孩子读懂爸爸的心 ……………… 024
　情境故事2　早读难题迎刃而解了 ………………… 029
　情境故事3　原来他也"通情理" ………………… 032
　情境故事4　比赛前后的启发提问 ………………… 038
　情境故事5　用相同的思路帮扶不同的孩子 …… 042
　延伸阅读　苏格拉底的"产婆术" ……………… 047

第三课　用健康赞美培养孩子的自信自尊 ········· 049
- 微型讲坛　健康赞美才是鼓励 ················· 050
- 情境故事 1　夸出一个个希望之果 ············· 055
- 情境故事 2　他终于融入了班集体中 ··········· 060
- 情境故事 3　赞美，根治心病的"独一味" ······· 063
- 延伸阅读　朱莉和肯尼喜欢这样的称赞 ········· 069

第四课　用赢得合作四步赢得孩子的心 ········· 073
- 微型讲坛　要"赢得"孩子，不要赢了孩子 ······· 074
- 情境故事 1　耳罩风波 ······················· 077
- 情境故事 2　抢凳子事件发生后 ··············· 081
- 情境故事 3　两个不一样的哭宝故事 ··········· 084
- 延伸阅读　共同解决问题的步骤 ··············· 089

第五课　用非常班会调动孩子的"参政"热情 ····· 091
- 微型讲坛　高效轻负的"非常班会" ············· 092
- 情境故事 1　学生不交作业，班会来帮忙 ········ 103
- 情境故事 2　让学生学会对值日负责 ············ 109
- 情境故事 3　一场别开生面的班会 ·············· 113
- 情境故事 4　用"致谢"打开孩子的情感大门 ··· 115
- 延伸阅读　弗兰克用班会改变了班级面貌 ······· 119

第六课　用后果体验强化孩子的规则意识 ······· 121
- 微型讲坛　莫把后果体验变为惩罚 ············· 122
- 情境故事 1　迟到难题化解于谈笑之间 ········· 128
- 情境故事 2　再也没人"告御状"了 ············· 131
- 情境故事 3　让学生品尝冲动行为的后果 ······· 136
- 情境故事 4　孩子再也不乱倒豆浆了 ··········· 139
- 延伸阅读　老和尚与小沙弥的故事 ············· 141

第七课　用**特别时光**矫正孩子的问题行为 …………145
  微型讲坛　"不对症"的处方更灵验 …………146
  情境故事 1　烟味在"特别时光"中消失 ………148
  情境故事 2　两次特别的"特别时光" …………151
  情境故事 3　"蜗牛"牵我去散步 …………154
  延伸阅读　与孩子共度"太空时间" ……………157

第八课　用**花时间训练**提升孩子的内心能量 ………159
  微型讲坛　花时间训练也是一种鼓励 …………160
  情境故事 1　"手把手地"领着学习委员上岗 …… 162
  情境故事 2　设立学具摆放提示角 ……………164
  情境故事 3　初试"日常惯例表" ………………167
  情境故事 4　老师,再给我出一道题吧! ………170
  延伸阅读　蒙台梭利的安静游戏 ………………174

第九课　用**正面态度**激励孩子的好学上进 …………177
  微型讲坛　态度和工具孰重孰轻 ………………178
  情境故事 1　"目的揭示法"真灵验 ……………180
  情境故事 2　原来学困生也爱学习 ……………188
  情境故事 3　圣诞节,淘气包送我一个平安果 … 191
  情境故事 4　"我不会让班级扣分的" …………195
  延伸阅读　坚定而非强硬 ………………………201

附录　对行为不当孩子的非常鼓励 ………………203

参考文献 ………………………………………………216

第一课 用共情化解孩子的负面情绪

☆微型讲坛 共情,从看见孩子的感受开始

☆情境故事1 想哭就哭吧

☆情境故事2 当与倔脾气学生相遇时

☆情境故事3 用共情轻轻叩开孩子的心扉

☆情境故事4 小宝掀翻了桌子后

☆情境故事5 共情——远离师生冲突的秘诀

☆延伸阅读 陶行知眼中的孩子

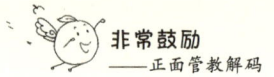

/ 微型讲坛

共情,从看见孩子的感受开始

共情,从心理咨询的角度讲,它是一种重要的咨询技术。从正面管教的角度讲,它是一种鼓励孩子的重要方法或工具。

所谓共情,通俗地说就是对他人的理解,理解他人的感受,理解他人的想法等等。有一句话最能揭示共情的实质:"以孩子(他人)的眼光看孩子(他人)的世界,以孩子(他人)的心情领会孩子(他人)的心情,感受孩子(他人)的内心世界。"女儿小时候喜欢买机器猫小叮当一类的书,可我总是不准,因为不符合我内心既定的标准:可以扩大知识面的、有教育意义的、能够开发智力的……一次,我正带着这些标准帮女儿选书,突然意识到:我这不是以自己的眼光看女儿的世界吗?如果我是孩子,会不会有同样的喜好呢?肯定也会。于是我就调整了给女儿选书的原则。这是我最难忘的一次共情经历。

共情其实是一种内在的心理活动,要使他人感受到你的共情,通常要用语言表达出来。准确地表达共情,需要把握以下几个关键点:

1. 一定要放下自己的参照标准,进入对方的参照框架。我在为女儿选书的事情上,后来就放下了自己的参照标准。

2. 要注意辨认孩子的感受,了解引发孩子感受的原因,猜测他的想法,并从感受、原因、想法、事实等几个层面来表达共情。如孩子因妈妈不给买玩具哭了,妈妈就可以这样表达:"宝贝,妈妈知道你现在很伤心,很失望(感受),因为妈妈不同意给你买玩具(原因),我知道你希望将所有你喜欢的玩具都买回家,是吗(想法)?"

3. 当不太肯定自己了解的情况是否正确,是否能达到真正的共情时,可以用尝试性、探索性的语气来表达。如:"听你所说,似乎你对妈妈的啰唆态度相当反感,但又敢怒不敢言,是吗?"

4. 共情的表达工具除语言外,还有非语言行为(即体态语言)如目光、面部表情、身体姿势、动作等。有时运用体态语言表达更有效而且简便。实际中要注意两者结合。

很多年前,我给老师们讲共情概念及其表达技巧,讲完后有老师问我,共情有什么作用?我不想用教科书上的理论来回答,只想跟大家分享一个真实的故事。一个四年级的孩子,其父母离异,跟爷爷奶奶一起生活。有相当长一段时间,每天早晨上学前就开始哭闹,说肚子痛。陪他看过医生,吃过药,做过各种检查,都无法解决问题。家里人疑是假病,让他写保证书,给他讲道理,用物质诱哄,都无济于事。后来老师了解到孩子的妈妈很少来看他,于是就对家长说:"他可能想妈妈了,先问问孩子的想法和感受吧!"奶奶虽然不知道什么是共情,但她表达了孩子最需要的共情:"安安,你想妈妈了,是吗?""是的,我很想妈妈。"接下去孩子与奶奶

交流了很多,告诉奶奶班里某某同学的父母也离婚了,新妈妈待他不好……最后奶奶答应孩子,妈妈任何时候都可以来看他,还说双休日可以让他到妈妈的新家住一个晚上。自从那天谈话后,孩子的心病开始慢慢地痊愈(当然这与学校老师的关注和鼓励也是分不开的)。由这个故事,我想起了正面管教讲师"加州魔豆"的一段话:"当孩子的感受被接纳与理解时,就会从心底里产生强烈的安全感。当孩子的心里有了安全感,他就更愿意敞开心扉与家长做进一步的沟通,更愿意去考虑家长说的话。"这是对共情作用的最好诠释吧!

共情很重要,共情的表达每个人都可以学会。但大家需要明白一点:共情,要从看见孩子的感受开始。成人世界里,无视或否定孩子感受的现象极为普遍。如孩子打针前哭闹,家长总会说"要勇敢一点",而很少有人关注孩子担心打针会痛的感受。诸如此类,不胜枚举。如果想用共情开启孩子的心灵大门,成人就必须养成"看见孩子的感受"的习惯。

/ 情境故事 1
想哭就哭吧

"多多点心城"传来响亮的吵闹声,原来查正和时代为了争做厨师闹得不可开交。石嘉匆匆跑来向我求助。我问明情况后,没有直接帮他们解决问题,而是提了一个建议:"你们这样争肯定是解决不了问题的,建议你们想想别的办法。"七嘴八舌一番后,孩子们决定用猜拳的方式确定谁当厨师,结果时代胜出,做了厨师。查正知道自己没机会了,忍不住放声大哭起来。此时,我真想马上劝劝他,或者想办法转移他的兴趣点,引导他玩别的游戏。可我转念一想,还是采取了另一种方式。我轻轻走近他,蹲下来对他说:"老师知道你很难过,想哭就哭吧。如果我是小朋友,猜拳输了,我也会难过的。"查正泪眼婆娑地抬起头,对我说的话感到很意外。"没当上自己想当的厨师,心里很难过,所以就忍不住哭出来,对吗?"我这样一说,查正的哭声反而轻了。最后,他对我说:"我现在觉得好一点了。"经过刚才的情绪宣泄,查正又高兴地去玩别的游戏了。在讲评游戏时,我引导孩子们讨论:"当你难过或伤心时,怎么办?"有的幼儿说:"可以买好吃的,使自己高兴起来。"有的说:"我会像查正一样哭出来。"还有的说:"我家有个拳击袋,不高兴时,我可以去打它几拳。"经过我的引导、启发和大家的讨论,孩子们明白了,每个人都会有不开心的时候,但可以在不影响别人的情况下,通过多种方式发泄,使自己的心情好起来。后来,在孩子们的建议下,我班增设了"心情小站""消气商店""发泄袋"等。幼儿心情不好时,可以到这些地方去尽情倾诉、尽情宣泄。一段时间下来,我班幼儿的告状行为、攻击性行为明显减少,孩子们渐渐懂得了怎样调整自己的情绪,成为快乐的孩子。这件事也使我悟出一个道理:当我们教育孩子时,必须顺应孩子的天性,真正做到以人为本。

(江苏苏州 郑莉)

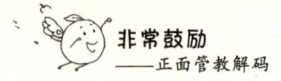

追梦直击

上面案例中,表达共情的句子共有两个:"老师知道你很难过,想哭就哭吧。如果是我,我也会难过的。""没当上自己想当的厨师,心里很难过,所以就忍不住哭出来,对吗?"这里有几点值得我们关注:

第一,老师能放下自己的参照标准,进入孩子的参照框架。第二,老师对孩子的情绪感受及产生原因把握得很准确而且表达也很到位。正因为共情进入了孩子的心坎,孩子的哭声反而轻了。第三,运用了表达共情的一个常用句式:"如果我是……,我也会……的。"平时表达共情,我们还可参考下列句式:"要是我处于你这样的境地也会这样的。""我明白你心里的感受:很矛盾、很不安、很痛苦……""你这样做一定是有原因的。"第四,等孩子感觉好起来时,又对全班孩子作了更深入的引导。这也提醒我们,有时将共情与其他教育手段结合使用,能使教育效果最大化、最优化。

就这个案例,我还问过一些幼儿园老师,如果是你,会对查正怎么说?"这次轮不着,下次吧!""是你自己没有猜赢,不能哭的。"这些回答提示了一个信息:很少有人了解到孩子内心的真实感受,即使是试图安慰孩子者也不例外。又问一些当教师的家长,如果孩子带着伤从学校里回来,你第一件事做什么?答案几乎是清一色的:"先问清事情的经过。"孩子的感受哪儿去了?家长,身为老师的家长也不关注"感受"!真的令人担忧。他们不知道"先处理心情,后处理事情"这一说吗?

在此不得不再一次提醒大家：不能无视或否定孩子的感受，一定要关注和理解孩子的感受，并且用恰当的语言或体态语言(抚摸、拥抱等)表达出来。

/ 情境故事 2
当与倔脾气学生相遇时

一次英语课上，我发现一个学生在做数学作业。为了不影响课堂秩序，当时我只是把他的作业本收上来便继续上课。下课后，我把他叫到办公室，本想好好地与他谈心，可他一问三不答，而且摇头晃脑。真是气不打一处来，我当即让他靠窗站着，但他还要反抗。后来我心情稍微平静一点了，想静下来寻找好的解决方法，于是叫他写一篇感想及对我的要求，便让他离开。可他边走边说："那不可能！"这更激起了我的怒火……后来我把他抓过来，问他到底要不要学好，他说是家里逼他来学习的。他就是一倔到底，真拿他没办法，此事便不了了之。为了避免同类事件的发生，我请教了一路追梦老师，很快就得到了回复：

小王老师，遇到你这样的情况，很多人都会愤怒的，因为大家是"人"不是"神"。

不过，这种愤怒带来的负面影响太大了，既伤害身心健康，还会严重损害师生关系。

请回顾一下师生互动情况：

	教师行为	学生回应	双方情绪分析
1	收了学生的作业本		学生：不高兴
2	课后叫到办公室谈心	一问三不答，摇头晃脑	学生：对"办公室谈心"有抵触情绪 老师：气不打一处来
3	让他靠窗站着	反抗（从"进办公室"到"站"，无疑是火上浇油）	学生：抵触情绪加剧 老师：心情稍微平静一点（想找个好一点的解决问题方法）
4	叫他写一篇感想及对"我"的要求，便让他离开	那不可能！	学生：对立情绪又一次升级 老师：激起了怒火
5	把他抓过来问	他说是家里逼他来学习的	双方：愤怒情绪达到顶点

从上表可以观察到几个现象：1. 从第一步到第五步，学生的情绪始终是抵触、对抗的，而且在老师的推波助澜下不断加剧。当然双方的激情是在不良互动中逐渐生成的。2. 老师自始至终没有关注和安抚过学生的情绪，相反是以怒制怒，以硬碰硬。

一定要记住，遇到学生产生负面情绪特别是冲动情绪时，老师首先要做的事，不是解决事件本身，而是处理学生的情绪。而共情能有效地化解学生的负面情绪。

……

对上面这段话，我认真细致地阅读了三遍，当时真有无地自容的感觉，我以前的处理方法是多么的草率和简单！

后来一路追梦老师又让我做了一个练习题：假如学生刚刚进办

第一课　用共情化解孩子的负面情绪

公室,并且态度很强硬,你会怎么处理? 我设计了下面的解决方案:

在学生进办公室之前设法平复自己的情绪。当学生带着情绪走进办公室时,就对学生的"抵触"表达共情:"刚才老师收了你的作业本,你感到很生气,是吗? 如果我是学生,也会不高兴的。你的感受我能理解。"还可以边说边客气地请他坐下,甚至给他倒杯水喝。

我想,面对老师的宽容大度,学生一般不会明显地反抗,那样应该不会遭遇学生"一倔到底"的尴尬了吧!

(教育在线班主任论坛　小王)

追梦直击

小王老师能把处理师生的情绪放在第一位,真不错!

或许有人会担心,对违反课堂纪律的学生表达共情,是否会宠坏学生? 这里需要说明两点:第一,很多情况下,表达共情,处理情绪,只是走近学生,打开学生心灵大门的一个环节。接下去处理事情时,还得坚持原则性和灵活性相结合的教育策略。第二,表达共情时得把握好分寸,蹲下来是必要的,跪下来是不可以的。如对学生说:"收作业本是老师的错,我向你表示歉意!"就会造成负面影响。

众所周知,许多师生冲突很大程度上都是情绪惹的祸。能处理好情绪,师生冲突发生率就可以大大降低。这情绪其实包括师生双方的情绪。处理学生的情绪,最有效的办法之一是表达共情。可当老师自己也怒气冲天时怎么对孩子表达共情? 正像有的家长、老师所说,我也知道硬碰硬不好,可就是控制不住。这就需要关注一个问题:在处理学生的情绪之

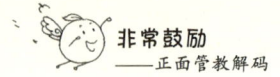

前,老师得先处理好自己的情绪。处理自身情绪的策略主要有两条:第一是平时倒空自己的负性情绪,不要让太多的负性情绪累积起来(自己拥有阳光心态就容易包容学生的过激言行)。关于如何宣泄情绪,一个职校老师告诉我两条经验:经常写网络日记,每到周六去跳舞。第二是修炼自己,提高情绪管理能力。

/ 情境故事3
用共情轻轻叩开孩子的心扉

　　共情就是设身处地体会他人处境,从而感受和理解他人情感的一种能力。其实共情就是我们平时所说的善解人意,站在对方的角度考虑问题。在班主任工作中,掌握这种共情能力是非常重要的,认同孩子的感受,看似无招,却似春风化雨,能将孩子的负面情绪消弭于无形之中。
　　学生小文长得人高马大,但天生懦弱,常常被同伴欺侮。尽管如此,我并没有站在他的一边。因为每当与同学发生矛盾后,他不是选择告诉老师,而是添油加醋地告诉妈妈,他妈妈总会在第二天气势汹汹地赶到学校,威胁肇事学生,找校长告状。面对这样的学生,我无法对他友善和宽容,常常为了一点小事而严厉指责他,还有意无意地向学生渗透"惹不起躲得起"的观念,让大家尽可能远离小文,和他发生矛盾时能忍则忍,不能忍就躲。没想到半学期下来,小文仗着有妈妈撑腰,由原来的被动挨打发展到了主动出

第一课 用共情化解孩子的负面情绪

击,学生因为不能还嘴还手,受了不少委屈。有一天,他居然拿起凳子砸人,幸亏被其他同学及时夺下。听说这件事后,我吓出了一身的冷汗,我不能因小文妈妈厉害,而对他坐视不管了。

小文来到办公室,面无表情地站在我面前,被打的同学也是一脸的怒气。要是平时,我早就不管三七二十一,先把两个人劈头盖脸地骂一顿,但这时我尽力克制着自己的情绪,因为我想知道小文内心真正的想法是什么。我耐心倾听了他们各自的叙述,原来事情很简单。就是那个同学先叫了小文的绰号,然后由争吵发展到了动手。小文在诉说中提到了先动手的原因是无法忍受同学对他的嘲笑。他的话,使我有了一种深深的挫败感,给他造成这种伤害的责任我不是也有份吗?我所希望的不正是同学对他的孤立吗?他的不良行为背后反映出了什么?他在班级中找不到自己的价值,没有归属感!我对他一次次无视、一次次指责后,他终于用惩罚后果的四个 R(愤恨、报复、反叛、退缩)中的前三个狠狠地回敬了我。想通这些,我有一种如释重负的感觉,因为我似乎找到了共情点,我看着小文的眼睛,慢慢地轻柔地对他说:"老师看得出来其实你也很难受,××同学经常叫你绰号,你觉得是看不起你。"前面我说话的时候,他一副无所谓的样子,当我说到看不起他时,他的目光朝我瞟了一眼,并低下了头。我继续说:"所以你很生气,一生气就控制不了自己的情绪,动手打架了,其实你也很想和其他同学友好相处的,是吗?"说到这里,他的眼眶慢慢变红了,这也证实了我的理解是正确的。"老师虽然理解你的心情,但不同意你打人的做法,以后如果你再遇到控制不住自己的时候,你觉得应该怎么做?"

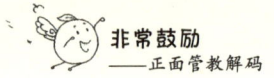

孩子说:"告诉老师。"

我鼓励他:"这办法比打架好多了!还有没有别的办法?"

"跑到走廊里深呼吸三次。"

我再次肯定他:"跑到走廊里深呼吸,好!"接着让他当面演练几次。

最后我告诉他:"别人叫你外号时,你还可以表达自己的感受:我不喜欢你这样叫,并及时走开。如果别人真的太过分,你就来找老师,我会帮助你。"

就这样,在小文愿意听、愿意合作的气氛中,我和他一起找到了解决问题的办法。后来我又用"优点轰炸"的方法帮助孩子。那一次班上45位同学开动脑筋,帮小文找到了许多他自己看不到的优点和可爱之处,在以后的很长一段时间,小文没有再打架。也许小文有了归属感和自我价值感,他已经不需要通过不当行为来寻求归属感和价值感了。

小文的转变,促使我反思。我在使用共情时,为什么总是难以找到共情点?自己平时对学生的观察不够,情况了解不多,这应该是一个重要原因。这次我努力摒弃先入为主的思想,并通过主动询问、耐心倾听、尝试体会的方式,终于找准了"共情点"。由小文的转变,我更加坚信:"共情是叩开孩子心扉的一把金钥匙。"

(浙江省嵊州市崇仁镇中心小学 裘佳)

追梦直击

有时觉得共情很神奇,一下子就能叩开孩子紧闭的心扉,可仔细想来并不神奇。或许你我都曾有过类似的经历:某天去开启一扇陌生的门,先从总务处要来一大串钥匙,每一把钥匙都很相像,最要命的是钥匙上的阿拉伯数字编号已经模糊不清,于是只好一把把地试,有的干脆插不进,有的能进锁孔,却怎么旋转也无济于事……实在没办法,只好重新来到总务处,再拿一串,并问清是哪一把。接下去的情形就不难想象了:钥匙一插进锁孔,门就被打开了,而且是那么轻而易举。用错钥匙,无论你怎么用劲也是白忙一场,用对钥匙,则是轻而易举。这现象不是很自然的吗?有谁会觉得神奇呢?所以说,在找对钥匙的前提下,一次共情,短短的几句话,触动孩子的心灵,也是不足为奇的。裘老师正是用对了共情这把钥匙,很快就使孩子放下了心理防卫,并开始表现出合作意向。

许多时候,共情只能创造一个良好的开端,孩子真正的转变还需要有后续教育的跟进。裘老师深知这一点,所以在接下来的时间里,又通过"优点轰炸"活动,帮助孩子提升归属感和自我价值感。这一招对于小文来说,是至关重要的。因为当孩子找到归属感和自我价值感时,不当的行为自然会减少或中止。

/ 情境故事 4
小宝掀翻了桌子后

因为我请假,所以代课老师让班级自修,并要求班干部管好纪律,结果情况不理想,于是代课老师处罚了几位管理班级的干部。小宝同学很不服气,等老师走后掀翻了自己的桌子,并在黑板

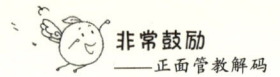

上写了"狗儿×××"以泄心中之愤,小春看到后将这些字擦掉了,结果,小东和小斌又把这几个字重新写上了……

回校后,得知了事情的来龙去脉。于是我就找几个相关的同学谈话。

首先,我应用了"共情"这一正面管教工具。当时我表达了对他们行为的理解。小宝感到委屈而通过这样的方法来发泄不满,小东和小斌为小宝打抱不平,这些都是可以理解的。

其次,肯定他们处理情绪的意识。小宝有委屈情绪,知道发泄出来,这是保护自己,因为如果不会发泄,压抑自己,会影响身心健康。

第三,批评他们的不当方法。小宝,要发泄可以,但不能掀桌子,桌子可是学校的财产,你没有权利去损坏它;在黑板上写字也不对,怎么可以把老师比作狗呢!假如你们被说成是狗,心里会有怎样的感受?

第四,介绍恰当的发泄方法。我说,你们要发泄可以,但要注意方法。如果你们不高兴了,有委屈想发泄了,可以去操场跑跑步,玩玩班级中的运动器具等等。

事后,我在思考建立发泄制度的必要性。很显然,小宝事件源于发泄问题,如何在班级中建立一套合理有效的发泄制度,是这段时间需要考虑的,当然在下个月的月报表中,我还会建议学校为学生建立一个专门用于发泄的教室。如果学生知道,当心中郁闷时,可以做些被允许的事情,帮助自己快乐起来,谁还会去选择其他不良的发泄方法呢!

(摘自小溪的 QQ 空间)

第一课 用共情化解孩子的负面情绪

追梦直击

上面这篇文字,我是从一位心理教师培训班学员的空间中看到的。阅后很欣慰。老师的共情意识很强,做法很有人情味,相信能较好地得到学生的合作。但略有几分担忧,于是在文章后面写了一些感想,学员也作了回应,互动内容如下:

我:

"当时我表达了对他们行为的理解。小宝感到委屈而通过这样的方法来发泄不满,小东和小斌为小宝打抱不平,这些都是可以理解的。"这隐含着对学生不当行为的肯定,这样的共情可能会起负面作用。运用共情要把握原则。

学员:

谢谢蒋老师的专业点评。当时我根本没考虑到这些呢!当初只知道建立辅导关系时,运用共情很重要,就没有想更多的。现在细细思量真有些后怕,我真的好像在默许他们的不当行为呢!现在发现原来共情学个一知半解还会起反作用,要多温习才是!

我:

所以出现共情的偏差是因为共情点选择有误。

这一案例中,"孩子感受"(委屈、冤枉等)、"原因"(管理班级受罚等)、"想法"(不是不想管好而是没办法等)等都可以作为共情点,不妨这样表达:因为班级没有管好而受处罚(原因),你们觉得很冤枉、很委屈(感受),你们不是不想管好,而是没有办法(猜想的想法),是吗?

再来考察上例所选择的共情点,似乎是孩子不当的行

为——因委屈而产生的发泄行为,因不顺眼而产生的抱不平行为。("当时我表达了对他们行为的理解。小宝感到委屈而通过这样的方法来发泄不满、小东和小斌为小宝打抱不平,这些都是可以理解的。")当共情指向孩子的不当行为时,就等于在鼓励孩子的不当行为!所以要记住一句话,我们要接纳的是孩子的(负面)情绪,而不是孩子的(不当)行为。如果一定要对其行为表达共情,那就要注意价值中立。"小宝你感到委屈而通过这样的方法来发泄不满,小东和小斌,你们这样做是为小宝打抱不平,是吗?"当老师持既不赞成又不反对的中立态度时,则不会有负面影响。

学员:

蒋老师,我学到了两点:一要找准共情点,通常孩子的不当行为不能作为共情点;二如果要对孩子的不当行为表达共情,一定要保持中立立场。

/ 情境故事 5

共情——远离师生冲突的秘诀

班主任工作中,难免会遇到几个容易激动的学生,有时师生双方会因为某个问题而脸红耳赤地争执,从而影响了师生关系。和谐的师生关系能促进班主任工作的有效开展,反之,则会增加班主任工作的难度。那么如何让容易激动的学生能够心平气和地接受老师的教育引导呢?共情是开启学生心扉的钥匙,它能够促进良好师生关系的构建。

共情指的是一种能深入他人内心世界、了解其感受的能力。班主任表达共情的关键在于，能够接纳、认同学生的感受。

下面两个不同版本的案例有助于我们理解"共情"在预防师生冲突中的作用。

背景：一位男生晚自习迟到，被值周老师发现并扣其个人考核分，班主任找他谈话。

A版

师：上课铃都响过十分钟了，你怎么才到？

生：我又不是故意的，我刚才打球流了很多汗，回寝室洗澡了。

师：其他同学也打球了，人家能按时到，你为什么不能？

生：他们没有洗澡。

师：迟到了，还理直气壮，一点纪律观念也没有。

生：反正我打球后一定要洗澡的。

师：我不管你洗不洗澡，总之以后不准再迟到。

上述对话中，师生双方的语气都比较生硬，学生在向老师解释迟到原因时，老师既没有接纳和认同学生的情绪感受（被扣分不高兴），也没有引导学生如何去解决问题。由于老师没有与学生共情，不但难以解决问题，而且还会形成师生之间的隔阂。假如这位老师懂得共情，师生之间的谈话气氛就会完全不一样。

B版

师：今天被值周老师批评了，心里不高兴吧？（共情）

生：是的。我又不是故意的。（大声说）

师：嗯，你不是故意的。（共情）今天晚到了几分钟，是不是有

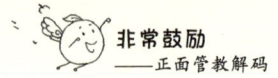

特殊情况?

生:打球后去洗了一个澡,所以迟到了。

师:打球后身上出了汗,不洗澡是挺难受的。(共情)

生:是呀!洗过澡就舒服多了。

师:还有几个和你一起打球的同学来得比较早,那么他们肯定没洗澡就来了。

生:有几个也洗了澡的。(小声说)

师:那么他们肯定没有洗干净,洗澡得花不少时间。

生:老师,他们去洗澡的时候,我又打了一会儿球。(有点难为情了)

师:这样啊。那你每次打球后的晚自习都迟到吗?

生:有几次不迟到的。

师:要洗澡又要不迟到,这很难的,你是怎么做到的?

生:有时洗澡快一点,有时少打一会儿球。

师:那让我们一起想想办法,怎样才能做到打球、洗澡、纪律三不误?

生:打球时间缩短几分钟,洗澡速度再加快一点,那样就不会迟到了。

师:好,咱们就按你说的办。

这位老师就很好地表达了共情。通过共情,学生不但认识到了自己的错误,而且自己找到了解决问题的方法。

不难看出,版本A中的老师是师生冲突的制造者,版本B中的老师则与师生冲突无缘,因为他有共情能力,能够理解学生并尊重学生的感受。

(浙江省嵊州市三界中学　祝亚芬)

第一课 用共情化解孩子的负面情绪

追梦直击

版本A中的老师称之为A老师,版本B中的老师称之为B老师。

A老师身上有两个问题值得关注。1．他根本没有意识到,刚被扣了分的孩子有何种情绪。也不知道,遇上学生有负面情绪时,首先要做的工作是处理孩子的情绪。2．他没有觉察并处理好自己的情绪,所以就带着负面情绪来责备同学,结果互动出更多更大的负性情绪。

B老师深谙"先处理情绪,后处理事情"之道。他在谈话初期就连续使用了三个共情。

师:今天被值周老师批评了,心里不高兴吧?(共情一)

生:是的。我又不是故意的。(大声说)

师:嗯,你不是故意的。(共情二)今天晚到了几分钟,是不是有特殊情况?

生:打球后去洗了一个澡,所以迟到了。

师:打球后身上出了汗,不洗澡是挺难受的。(共情三)

生:是呀!洗过澡就舒服多了。

老师表达了三次共情之后,学生的负面情绪渐渐减少,这就创造出了一个友好的谈话氛围,为下面的进一步引导奠定了良好的基础。这里有一个问题需要提醒,孩子认识到错误和找到解决问题的方法,并不全是"共情"的功劳,共情的作用是营造一个互相尊重、友好的谈话气氛而已,能让孩子意识到自己的问题,找到解决问题的方法,还需要启发提问等其他教育手段的综合运用。

/ 延伸阅读

陶行知眼中的孩子

　　您不可轻视小孩子的情感！他给您一块糖吃，是有汽车大王捐助一万万元的慷慨；他做了一个纸鸢飞不上去，是有齐柏林飞船造不成功一样的踌躇。他失手打破了一个泥娃娃，是有一个寡妇死了独生子那么悲哀。他没有打着他所讨厌的人，便好像罗斯福讨不着机会带兵去打德国一般的怄气。他受了您盛怒之下的鞭挞，连在梦里也觉得有法国革命模样的恐怖。他写字双圈没有得着，仿佛总统落选了一样的失意。他想你抱他一会儿而您偏去抱了别的孩子，好比一个爱人被夺去一般的伤心。

（资料来自网络）

第二课　用启发提问引发孩子的自我教育

☆微型讲坛　将"直接告诉"转化为"启发提问"

☆情境故事1　帮助孩子读懂爸爸的心

☆情境故事2　早读难题迎刃而解了

☆情境故事3　原来他也"通情理"

☆情境故事4　比赛前后的启发提问

☆情境故事5　用相同的思路帮扶不同的孩子

☆延伸阅读　苏格拉底的"产婆术"

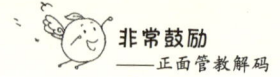

/ 微型讲坛
将"直接告诉"转化为"启发提问"

什么是启发提问？请看两个谈话版本。A版："小康，你要抓紧一点，这样才能考上重点中学。"B版："小康，你觉得怎样做才能考进重点中学呢？"前者是直接告诉（或命令），后者是启发提问。

启发提问与直接告诉、命令给人的感受是不同的。B版的小康感受到的是尊重和平等。A版的小康感受到的可能是厌烦、被控制、有压力。成人不同的表达方式，给孩子的感受不一样，自然他们的反应也是不一样的。一般来说，能使人感受到尊重的启发式提问容易得到孩子的合作，而且还会引发孩子的独立思考；控制式的告诉、命令常常会引发孩子的抵触、争辩、反驳等等。不仅孩子不喜欢告诉和命令，成人也不例外。记得有一位刚开始爱上正面管教的家长与我聊起一件事，他先生经常外出应酬，喝酒比较多，她非常担心老公的身体。于是找了许多医学根据，试图说服他改变不良的生活习惯。可先生总是振振有词："某某喝酒比我更厉害。""某某一直喝酒，照样活到九十岁。"如此等等。因而这位爱夫心切的妻子，感到十分无奈。我听后提醒她："能否将直接告

第二课 用启发提问引发孩子的自我教育

诉改为启发提问?"她马上领悟了我的意思:"这样就不给老公争辩的机会了?""对,就是这个意思。启发提问能把对方的关注点从争辩转移到思考上来。"

关于启发性提问的优势,简·尼尔森是这样论述的:"如果你用启发式提问而不是对孩子说(往往是对孩子提要求或说教),你就能够收到让孩子更多地参与、更好地理解的效果,并且能营造出更具有鼓励性和尊重性的氛围。"启发提问的适用范围如何?正如简·尼尔森所说,"老师说的任何一句话,都可以使用问句的形式"。为提高启发提问的效果,操作时还需要注意下面问题:

第一,须花时间训练孩子。刚刚开始使用启发提问时,较小的孩子可能会回答"不知道",面对这种情况,千万不要气馁。也许是因为孩子还没有养成独立思考的习惯,还没有足够的独立思考能力。这时需要做的一件重要事情是"花时间训练",开始时可以询问一些了解事实的问题(如"你有哪些朋友""经常和他们在一起做什么"之类的),或者提一些思考难度较小的问题。

第二,启发提问时不能有过多的价值干预。因为启发提问是通过把解决问题的权力真正还给孩子来表达尊重的。如果启发提问时老师价值干预较多,解决问题的权力又回到了老师手中,这样尊重氛围就会受影响,进而会影响启发提问的有效性。简·尼尔森指出,启发提问不能预设答案。"如果你对孩子应该如何回答这些问题预设了答案,你就无法走进孩子的内心世界。"确实,老师事先有了答案,就会听不进孩子的声音,就会把自己的答案(价值观)强加给孩子。面对这样的启发提问,学生拒绝合作是自然而然的。

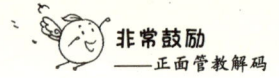

第三,谈话初始,慎问"为什么""为什么不"一类问题,以免引发防御心理。

第四,要注意提问时机。简·尼尔森指出:"如果你和孩子中有任何一个人心绪烦躁,则不能提问,要等到你们两个都平静下来。"

第五,面对个性特别敏感的孩子,使用启发提问要谨慎,有时孩子可能将启发提问误读为"嘲讽"。

/情境故事1
帮助孩子读懂爸爸的心

一个学生在作文中这样写道:

暑假里,爸爸老叫我买这买那,我几次都不想去了,但又不敢不服从。有一次,我壮着胆子对爸爸说:"我不想去了。"爸爸先是一愣,然后和蔼地说:"你已经长大了,要听话!"听爸爸这么说,我只得又去了。

又有一次,我吵着要跟爸爸到他的厂里去。爸爸拗不过我,只得答应了。在厂里我看见爸爸忙这忙那,干得满头大汗的,所以我就想去帮帮爸爸。可是爸爸却拉住了我,对我说:"洋洋,你还小,这粗活你干不了。"我觉得真是太奇怪了,爸爸怎么一会儿说我"长大了",一会儿又说我"还小"。我难道就一点自由也没有了吗?不想干的事,老让我干;想干的事又偏不让干,真是想不通!

这篇作文的题目是"我要自由",写的是学生在生活中的真实感受。在这篇作文中,我看到了一个孩子的内心世界:心中渴望自己不受大人的管束,并发出了"我要自由"的呼声。孩子认为自己已经长大,并觉得自己有能力帮助父母做大人做的事了。其出发点是出于对爸爸的关心。但他毕竟是个孩子,不会深刻地去理解父母的话中到底蕴涵着多少爱。

作为他的语文老师兼班主任,我觉得这事不能这么听之任之。所以就找他谈话,我先问他:"对爸爸的做法,你当真不懂吗?"

他看着我,诚恳地点了点头,眼睛里流露出疑惑的神色,好像要从我脸上寻找答案似的。

我没有直接谈自己的看法,因为我想到了蒋老师曾经说过的话——不留痕迹的教育更容易走进孩子的心灵。于是我问他:"那你跟老师说说看,在什么情况下,你爸爸说你长大了?"

他想了想说:"爸爸叫我买东西时,说我已经长大了。"

"那买东西这些事你能做吗?"

"我会的。"

"做了这些事对你有什么帮助?"

"经常买东西,对于数学课中遇到的关于钱的题目,我就能轻易地算出来了。"

"是啊,你爸爸让你买东西是给了你学习知识的机会,说你长大了,是在表扬你呢!"

这时,学生脸上露出了惊喜的表情,简直有点心花怒放了。

我又追问一句:"那在什么情况下,你爸爸说你还小呢?"

"我想帮爸爸做大人做的事时,爸爸说我还小。"

"你爸爸做的事轻松吗?"

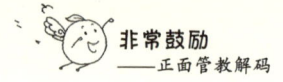

"不轻松,我看他太累了。"

"一个大人都觉得累的事,你爸爸会舍得让你去做吗?"

这时候,我看到学生的眼睛里闪动着泪花。他咬咬嘴唇说:"老师,我明白了,爸爸是不想让我也累着,才说我还小的。"

我看他已经明白了,就不再多说什么,摸了摸他的头,说:"现在,你还想这么写吗?"

"不想这样写了!老师,爸爸说的话让我想起了另外一件事,我要修改原来的文章。"

"好的,老师等着你的新作。"

修改后的作文:

"大"和"小"都是爱

暑假里,爸爸老叫我买这买那,我几次都不想去了,但又不敢不服从。有一次,我壮着胆子对爸爸说:"我不想去了。"爸爸先是一愣,然后和蔼地说:"你已经长大了,要听话!"听爸爸这么说,我只得又去了。

又有一次,我吵着要跟爸爸到他的厂里去。爸爸拗不过我,只得答应了。在厂里我看见爸爸忙这忙那,干得满头大汗的,所以我就想去帮帮爸爸,可是爸爸却拉住了我,对我说:"洋洋,你还小,这粗活你干不了。"我觉得真是太奇怪了,爸爸怎么一会儿说我"长大了",一会儿又说我"还小",真搞不懂。

直到那一天,我才改变了对爸爸的看法。

那天半夜里,我忽然头痛发热,神志不清。爸爸看在眼里,急在心里,打了几个电话都找不到送我上医院的车。妈妈都已经急哭了。"再也不能等了。"说完,爸爸抱起我就往医院跑。可是家离医院有十多里路,爸爸抱着我,累得气喘吁吁,还不时鼓励我:"坚持着,咱们洋洋是个勇敢的孩子!"在爸爸的鼓励下,我咬紧牙关,不再呻吟:"爸爸,我已经长大了,不怕疼。"其实,我当时真的很疼的,可看到爸爸那么着急,那么辛苦地抱着我,我知道了爸爸是爱我的,以前真的错怪他了。

生活中,这样的事情还有很多很多。现在,我才明白,无论爸爸说我"长大了",还是说我"还小",都包含着深深的爱。

从平时的说话和作文中,可以看出这是一个非常有主见的学生,个性鲜明且外露,自我意识很强。常常会不自觉地以"自我为中心"来看待问题。这其实也是现代独生子女的一大共性。在第一次作文中,他站在自己的角度来看待问题,认为父母经常指使他做事,还不让做自己想做的事是不给他自由,字里行间流露出一种淡淡的怨恨,"逆反心理"在心中悄悄地滋长。如果不及时地给予引导,可能"我要自由"的想法会越来越强烈,进而会疏离父子之间的关系,更严重的,还可能会跟父亲对抗。

可喜的是,他能够将自己的心事通过作文表达出来,向老师倾诉自己的困惑与不满,如果我当时就直接告诉他:"你爸爸都是为你好!"也许他到现在都不明白说大说小都是爱的道理。"在什么情况下,你爸爸说你长大了?在什么情况下,你爸爸说你还小?"通过这些启发性的提问,引导学生站在爸爸的角度去理解他的话,去反思自己的行为与思想,就收到了"润物细无声"的效果。这"不留痕迹"的引导真的奥妙无穷!

(浙江省嵊州市爱德外国语学校 金慧慧)

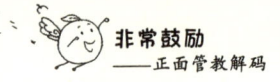

追梦直击

上面案例中有六个连续不断的启发提问:

"在什么情况下,你爸爸说你长大了?"

"那买东西这些事你能做吗?"

"做了这些事对你有什么帮助?"

"那在什么情况下,你爸爸说你还小呢?"

"你爸爸做的事轻松吗?"

"一个大人都觉得累的事,你爸爸会舍得让你去做吗?"

金老师就是用六个启发式提问帮助学生转变认识的,最后孩子领悟出了"说大说小都是爱"的道理,谈话过程中见不到"直接告诉"的印记。这是一个值得借鉴的范例。

金老师为什么不"直接告诉"而采用启发式提问呢?这源于一个理念:不留痕迹的教育更容易走进孩子的心灵。金老师是为了追求"教育无痕"的境界,才不直接告诉的。我相信当"教育无痕"的理念牢固地根植于老师们的大脑时,"直接告诉""命令式语言"会逐渐远去,能创造"教育无痕"境界的启发式谈话会慢慢成为大家的一种追求。

金老师的六个提问,能一步步引导学生认识到"说大说小都是爱"的道理。这其中有什么诀窍呢?把大问题分解为若干个小问题是诀窍之一。其实上面六个小问题归结起来只有一个问题:"爸爸有时说你还小,有时说你还大,这是为什么呢?"但这个问题难度太大,学生难以回答,而将这一个大问题分解成"在什么情况下,你爸爸说你长大了""做了这些事对你有什么帮助?"等小问题后,思考和回答难度就降低了。

第二课 用启发提问引发孩子的自我教育

> 启发提问时要注意提出的问题不能太难或太易,太难学生无法思考,太易(总是"对不对""是不是"之类的封闭式问题)学生会失去思考的积极性。而要使问题难易适度,一是提问时须考虑学生的思维水平和知识经验,二是遇到难度较大的问题时须注意设置阶梯,降低难度。

/情境故事2
早读难题迎刃而解了

早上我一到教室,课代表向我汇报,早读时许多同学都在讨论美术课的材料问题,教室里闹哄哄的,不肯读课文。听后我心凉了半截,因为昨天早晨也是因为不认真早读而大发雷霆,教育了一节课,没想到,今天还是老样子,一点效果也没有。我冷静了一下,觉得必须改变方法,或许可以试试正面管教中的启发式提问呢!

畅销全球的美国教育经典《正面管教》一书中,介绍了许多实用的正面管教工具,启发式提问是其中之一。《正面管教》作者简·尼尔森指出,启发提问能够让孩子更多地参与、更好地理解(规则),并且能营造出更具有鼓励性和尊重性的氛围。

待整理思路后,我向学生抛出了四个提问,没想到学生居然回馈我一份很大的惊喜。

师:同学们,你们对班级的早读满意还是不满意?

全班学生:不满意!

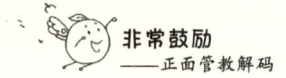

师：你对自己的早读满意还是不满意？

学生：不怎么满意，因为我在看其他同学的美术材料。

学生：不满意，我没有早读，在聊天。（大部分同学都说不满意。）

师：你心目中满意的早读是怎样的呢？

学生：每个人都专心致志地读书。

学生：必须听课代表的领读。

学生：没有课代表和老师，也能很认真地读。

学生：听到的是琅琅书声，而不是吵闹声。

师：太好了，那么你应该如何去做到呢？

学生：一进教室就应立刻拿出书本读。

学生：我们可以采用各种方法变着读。小组读，男女轮读等等。

学生：专心地读，大声地读。

……

真的很奇妙！几个简单的提问，竟然能引发出孩子们这么多的思考，最为可贵的是孩子们的主人翁意识被唤醒了。我正陶醉着，上课铃响了，数学老师已经等在教室门口，只得匆匆结束晨间谈话。看得出，同学们和我一样意犹未尽。

到了中午，我又设法扩大战果："同学们对早读不满意，那么对班级的午读是满意还是不满意？对自己的午读满意还是不满意呢？请大家在午读结束后反馈一下结果。好！现在开始午读……"下课时一反馈，48人中有40人对班级午读表示满意，36人对自己午读表示满意。有个别同学说，对自己的午读不太满意，并讲明了原因，表示明天一定要做到使自己满意为止！

早自修学生不认真读课文，作为班级管理者的班主任，我大发雷霆地教育了一节课,看着学生都默不作声,以为教育就成功了。可第二天的早读还是不尽如人意,而几个启发提问却收到了意想不到的效果。这使我想起了《正面管教》中的一句话:"我们要赢得孩子的合作,而不是赢了孩子。""大发雷霆"只是表面赢了孩子,只有坚持正面管教才能真正赢得孩子的心。

(浙江省嵊州市鹿山小学　叶华)

追梦直击

刚看到叶老师的案例时,感觉特别受鼓励。几个简单的提问,引发了学生的思考,唤醒了他们的主人翁意识,并因而初步破解了早读难题。可以说,达到了既解决问题,又促进孩子成长的双重目标。当我静下心来读叶老师的文章时,又从中悟出了两点:

第一,"解决问题导向"的系列提问可由两部分组成

从一些典型案例分析,启发提问有不同的导向类型,如说明情况导向(即说明事实等)、感悟道理导向、自我评价导向、分析原因导向、理解感受导向、解决问题导向等等,显然叶老师的一组提问属于解决问题导向。具体分解一下,这组启发提问由两部分构成:

——激发动机:同学们,你们对班级的早读满意还是不满意?你对自己的早读满意还是不满意?

——引导行为:你心目中满意的早读是怎样的呢?那么你应该如何去做到呢?

启发孩子关注解决问题时,遇上类似情形,"激发动机+

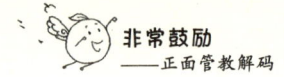

引导行为"模式,或许可以作为参照。

第二,对"启发提问不能预设答案"要具体分析

《正面管教》一书论及:启发提问"不能预设答案"。叶老师的四个提问中,前两个提问是封闭式的,答案预设性较强,可这组提问效果并不差(学生受到了鼓励,参与热情高涨)。《正面管教》中有一个帮扶史蒂夫的案例,其中呈现的一组启发提问,第一个问题的答案也是有预设性的(谁是班上最能惹麻烦的人? 史蒂夫)。为此,对"启发提问不能预设答案"这句话要结合具体情况来理解,当启发提问单个呈现时,自然不能预设答案。当启发提问系列化呈现时,情况就会有所不同,有时穿插一些预设答案的提问,反而能使讨论缩小范围,集中主题。当然答案有预设性的提问不宜过多,因为启发提问旨在将思考的机会还给孩子,将解决问题的权力交给孩子。

/情境故事3

原来他也"通情理"

学生小威是A班的班主任介绍过来的。据了解,他是在三年级的时候从另一所市区小学转入我校的。父母关系不和,父亲长期在外,因而他总在日记中指责父亲,但又希望父亲能经常回家。小威常常不做作业,老师耐心地和他讲道理,他会答应按时完成家庭作业,但第二天上交时仍是一片空白,学习成绩班级倒数第

第二课　用启发提问引发孩子的自我教育

一。好骂人、打人，其他同学不小心触碰到他，他就会歇斯底里地大叫起来。不尊敬老师，有时会顶撞老师，当老师批评他时，总是千方百计为自己找借口。有一次受老师批评后跑进男厕所，关掉厕所的门，任谁叫门都不开，班主任好说歹说，说了两节课，他才若无其事地走出来。还有一次，一位同学说他值日工作做得不好，他马上拿起书包往外跑，谁也追不上。班主任说：这样的学生，真不敢去管他，生怕什么时候"得罪"他，又会发生什么事，毕竟安全第一。但他真的像一颗"定时炸弹"，让班主任整天提心吊胆的。他的班主任是一个性情温和的年轻教师，是第一年当班主任，经验不是很足，请我帮帮她。就这样，虽然我不知道小威长得是高是矮，是胖是瘦，但我知道了小威是个"厉害"的主。然而和孩子一聊，发现原来他也"通情理"的，和传说中的"厉害"角色很不一样呢！

一个星期三的中午，我坐在"快乐小屋"看书，进来了一个笑眯眯的高高瘦瘦的男孩。我想：一般自己来咨询的孩子都是一脸"沉重"，他大概是受班主任"指示"来的吧！我拿出纸和笔让他登记班级和姓名，一看，才知道坐在眼前的就是小威。我也笑眯眯地看着他，把他请到了里面的沙发上。

我：你好！遇到什么烦心事了？

小威脸色一沉：上课的时候，我旁边的女同学经常无缘无故地推我，好像有毛病一样。

我：你觉得这个同学很烦人，你感到很生气，因为她经常无缘无故地推你。她推你的时候，你是怎么做的？

小威：她学习还不错，是我们班的班干部，就是爱多管闲事。

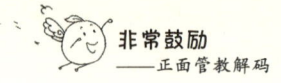

她推我,我就说了声:"你干嘛推我?"

我:声音很响,是吗?

小威点头:老师批评了我,我觉得老师真不公平,明明是旁边的同学先推我,却不批评她,要批评我。

我:你觉得自己很委屈,你认为老师应该批评她不该批评你,因为是旁边的同学先推你。当时是在上课,你大声叫喊,会影响其他同学吗?

小威:因为我影响课堂纪律,老师批评我,我也能理解老师。但都是她的缘故,却让我受批评。

我:你觉得自己很冤,不是她推你,你不会受批评。想想同桌推你可能会有哪些原因?

小威低头不说话。

我看到他比较难为情的样子,觉得里面肯定有原因,就问:或许她当时是为了提醒你要专心听讲,轻轻推你一下,你觉得有这个可能吗?

小威点头。

我:那要是你就是你同桌,当时会怎么想?

小威:真是好心没有好报,我这样帮他,他还要骂我!

我:是呀!从你的回答中就知道你是非常明白事理的同学。你想想,当时可以采取什么方法既能表达你的不满,又不让老师批评你呢?

小威:我也推她一下。

我:除了推她一下之外,还有哪些办法?

小威沉默了一会儿,说:下课后再说。

第二课 用启发提问引发孩子的自我教育

我:不错,你在下课的时候,再找那同学沟通,会更好。

小威又一次点点头。

我:在班级里朋友多吗?

小威摇头:这些人老欺负我,像昨天,我在抽屉里放了6个矿泉水瓶子,想做一架飞机的,但是都被他们拿去扔了,真可恶!

我:你告诉过别人你要用这么多矿泉水瓶做飞机吗?

小威摇头。

我微笑着说:如果我看到你的抽屉里有很多矿泉水瓶,很乱,我就想帮你整理一下抽屉,我会把你抽屉里很多矿泉水瓶扔掉,你会怪我吗?

小威笑着说:我不会怪你。

我:你当时看到瓶子不见了是怎么做的?

小威:我很生气,就大声问大家:"我抽屉里的瓶子是谁拿的?是谁拿的?"大家都不说话,我更加生气了,还拍了桌子,想把桌子上的书都扔了,最后是同桌告诉我,瓶子在垃圾桶里,我才找回来的。

我:如果你当时平心静气地问大家,又会怎么样呢?

小威:我这人控制能力很差的,什么也熬不住。要我熬到下课再和她理论,我想这很难。

当时快要上课了,我们就匆匆地结束了谈话。

事后,我想起了自己曾经看过的两篇文章:《控制情绪的十条建议》《谈情商》,觉得这些内容对小威非常适用,就把它打印出来了,并在其中重要的地方画上横线,送给他,让他好好读读,希望他能有所收获。最后我告诉他,如果有什么烦恼,可以随时来"快

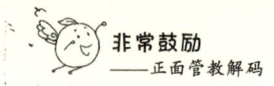

乐小屋"找老师。

(浙江省嵊州市城南小学　马微婵)

追梦直击

在旁人看来一身毛病、激惹不得的小威,为什么一遇到马老师就那么温顺呢?用正面管教的眼光来看,就是"用尊重赢得了孩子的合作"。

尊重的谈话氛围是怎么创造出来的?开始阶段,"快乐小屋"这一特殊的环境,马老师的心理老师身份,还有她那笑眯眯的眼神给了孩子亲切、温暖的感觉;整个谈话过程中,老师真诚、关切、体谅的态度溢于言表,这能使孩子感受到平时得不到的尊重。除了教育环境和教师态度之外,正面管教工具共情和启发提问的应用,也对创设尊重的谈话氛围起了关键性的作用。

谈话初期孩子有情绪,老师连续用了几次共情:

共情一:"你觉得这个同学很烦人,你感到很生气,因为她经常无缘无故地推你。"

共情二:"你觉得自己很委屈,你认为老师应该批评她不该批评你,因为是旁边的同学先推你。"

共情三:"你觉得自己很冤,不是她推你,你不会受批评。"

在老师的一次次共情中,孩子不仅感受到了老师的理解,也读出了尊重。孩子的委屈、不平情绪也随着老师的共情慢慢地消融。除共情之外,马老师还采用了留给孩子思考机会的启发提问,摒弃了一般老师的常规做法"直接告诉"。

看到马老师的文章,我还想起了NLP(神经语言程序学)中"先跟后带"技术。所谓"先跟",就是跟着对方,肯定和配合对方的信念、价值观等等。后带的时候,要首先让对方认可你的观点,提出一个对方最可能回答为"是"的回答,慢慢地,让其形成回答"是"的言语习惯,最后提出你的希望和要求,对方就被"带"到你所希望的地方。我将"先跟后带"技术稍作改变,先跟就是先认同对方的情绪感受(共情),后带,就是运用启发式谈话等技术将对方带到你所希望的地方,姑且称之为"新先跟后带"技术。这种先共情、后启发的表达方式在马老师的案例中可以找到三处:

先跟后带一:"你觉得这个同学很烦人,你感到很生气,因为她经常无缘无故地推你。(先跟)她推你的时候,你是怎么做的?(后带)"

先跟后带二:"你觉得自己很委屈,你认为老师应该批评她不该批评你,因为是旁边的同学先推你。(先跟)当时是在上课,你大声叫喊,会影响其他同学吗?(后带)"

先跟后带三:"你觉得自己很冤,不是她推你,你不会受批评。(先跟)想想同桌推你可能会有哪些原因?(后带)"

孩子有明显的负面情绪时,不能无视孩子的感受,而急着启发提问,应该先关注、认可孩子的感受,然后再设法引导。简而言之,必要时启发提问要跟在共情之后。

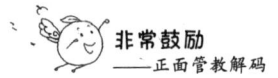

/情境故事4
比赛前后的启发提问

今天下午,校艺术节中的"班班有歌声"比赛即将举行。为了取得好成绩,我不仅让同学们精心准备了服装、头饰,而且还利用启发提问对他们进行了赛前动员。

师:同学们,在你的心目中最理想的表演是怎样的?

生:像电视里的歌唱家那样演唱。

生:像音乐老师那样唱得动听。

师:很快轮到我们比赛了,我们该怎样做才能赢得评委们的好评呢?

生:我们要做到精神抖擞。

生:要记住音乐老师讲的注意点,特别是唱国歌时,注意附点音符。

生:合唱时不能喊,一定要唱。

生:进场时要做到静、齐、快。

生:眼神也要一致,一齐看小邢同学的指挥。

生:耳朵一定要听音乐伴奏,不能越唱越快。

生:一曲完了,等待第二曲时不能做多余的动作,否则要扣分的。

生:离场时,队伍也要做到静、齐、快。

听了同学们的话,我的心里乐开了花,想不到他们说的和我事先想的都差不多,而且有许多地方是我没有想到的,同学们还把音乐老师讲的注意点都罗列出来了。我把同学们说的话一一写在黑板上,并让同学们自己认真地记一次。因为这些内容都出自同学们自己之口,所以他们都很乐意地接受了。其实他们发言和倾听的过程就是一个很好的自我教育过程。

在比赛时,同学们个个很努力,也赢得了评委老师的笑脸和掌声。回到教室,我又用上了启发提问这一招:"同学们,你们对刚才的表演感觉怎样?"同学们热情高涨。

生:我觉得小邢同学指挥得很好!

生:我觉得唱国歌时,出现了问题,没有听音乐伴奏,快了半拍,有点遗憾。

生:我觉得自选歌曲唱得很棒,比排练时好多了。(大家一致认同。)

生:我对这次合唱打95分。我对自己的表现也很满意。

师:这次比赛很成功,那么在这次比赛中,我们应该感谢谁呢?

生:我们要感谢小邢同学,他沉着、老练的指挥,使我们表演更出色。

生:我们要感谢音乐老师,为我们辛苦地排练。

生:我们要感谢叶老师,为这次比赛付出了许多心血。

(同学们似乎觉得感谢完了。)我又追问:我们还要感谢谁?(我指了指身上的衣服。)

生:我们要感谢父母,昨晚我妈特意为我买了黑毛衣。

生:我要感谢小沈同学,她借了我黑色毛衣。

生:我要感谢小陈同学,她帮我梳辫子。

此时,教室里充满了爱的氛围,我说:"我们还要感谢自己,因为我们都付出了努力。"同学们一致赞同,拍手鼓掌。

简·尼尔森曾经指出:老师说的任何一句话,都可以使用问句

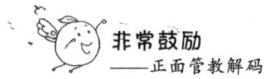

的形式。老师越少表露你自己的看法,孩子们就越能做到自己去思考。赛前的思想教育,我一改以往的说教,而用启发式提问,引导学生思考如何做才能赢得评委的好评,让他们以主人翁的态度积极参与,结果同学们你一言、我一语,把问题考虑得很周到。所以我们不要一味地"告诉",而要多运用启发式问题来引导孩子思考。其实在班级里的许多事情都是可以由孩子们自己来解决的,最关键的是我们要肯花时间训练孩子思考解决问题的方法,并且放手给孩子充分施展解决问题技能的机会。这样孩子们就能成为出色的解决问题的能手,并且能想出许多很有创意的解决方案来,同时也实现了教育和管理班级的目的。

(浙江省嵊州市鹿山小学　叶华)

追梦直击

　　这是叶老师应用启发提问的又一个范例。叶华老师初次体验启发提问的神奇功效后,就经常使用,几乎每回遇到班级管理中的难题,都会问学生一些问题,让大家发表看法,结果同学们热情高涨,会提出许多建设性的意见。由此我很想说一句话:"要让启发提问成为一种习惯。"我相信,只要有心,"启发提问成为一种习惯"不是梦。如果能常常有意识地使用启发提问,不但启发提问的能力会提高,而且还会形成习惯。习惯成自然,到时,"启发提问"就会像自来水一样,龙头一开,就会哗哗地流出来。

聚焦启发提问一:

"很快轮到我们比赛了,我们该怎样做才能赢得评委们的好评呢?"围绕这一问题,学生讲出了很多建设性的意见。

生:我们要做到精神抖擞。

生:要记住音乐老师讲的注意点,特别是唱国歌时,注意附点音符。

生:合唱时不能喊,一定要唱。

生:进场时要做到静、齐、快。

……

这是一个开放程度很高的启发提问,能使学生充分感受到尊重和鼓励,因而极大地调动了大家的参与热情。

聚焦启发提问二:

"同学们,你们对刚才的表演感觉怎样?"这一启发提问很妙,妙在引导学生自我评价。正面管教有一个重要的理念:要使孩子内心强大,就必须让他学会自我评价,而不是依赖于他人评价。

生:我觉得唱国歌时,出现了问题,没有听音乐伴奏,快了半拍,有点遗憾。

生:我觉得自选歌曲唱得很棒,比排练时好多了。

生:我对这次合唱打95分。我对自己的表现也很满意。

学生的自我评价多么客观而准确!在问与答的过程中,孩子的自我评价能力和独立思考能力在成长!

聚焦老师的感受:

"听了同学们的话,我的心里乐开了花,想不到他们说的和我事先想的都差不多……"看到这里,我特别想给大家一点提醒:启发提问时,孩子能说出成人满意的答案是件好事。

> 但启发提问的目的不是诱导孩子说出成人想说的,而是使孩子感受到鼓励和尊重,从而积极参与到解决问题的过程中来。如果以为"启发提问就是引导孩子说出大人想要的答案",启发提问就会异化成控制学生的工具。

/情境故事5
用相同的思路帮扶不同的孩子

原版故事:史蒂夫是这样转变的

这是《正面管教》中介绍的一次班会。学生史蒂夫在操场上总是会制造很多麻烦,辅导员决定用班会来帮助孩子,班会中老师提出了一系列的启发提问让学生思考。

辅导员先请史蒂夫离开教室到图书馆去。因为她担心在班级还没有形成一种相互尊重的气氛时,班会上同学们的发言可能会让史蒂夫受到伤害。她在班会开始后提出的第一个问题是:谁是班上最能惹麻烦的人?学生们异口同声地说:"史蒂夫。"她又问:史蒂夫做的哪些事情造成了麻烦?学生们提到了打架、藏球、骂人、起外号等等。

前几个问题让孩子们表达了自己的想法和感受。接下来的问题则给孩子们提供了一个从积极的角度来思考和感受的机会:"你们认为史蒂夫为什么要这么做呢?"回答包括"他故意使坏。""他喜欢欺负人。"诸如此类。后来,有一位学生说:"可能是因为他没有朋友。"另一位学生插话,说出了史蒂夫是个被寄养的孩子这一情况。这时老师因势利导:"一个孩子被寄养意味着什么?"孩子们很体谅地说,离开家一定非常痛苦,要不停地搬来搬去,等等。他们此时表达的是对史蒂夫的理解,而不是敌意了。

"你们有多少人愿意帮助史蒂夫?"当老师这样问时,班里的每个孩子都举起了手。黑板上列出了他们为帮助史蒂夫提出的一长串建议,包括陪史蒂夫上下学,中午陪他一起吃午饭,课间休息时陪他玩,还有十多条其他建议。每条建议后面都填上了自愿帮忙的同学的名字。

稍后,辅导员告诉史蒂夫,全班同学讨论了他在操场上的问题。当辅导员问他觉得会有多少同学愿意帮助他的时候,史蒂夫眼睛盯着地板,回答道:"可能没人吧。"当他听说每个同学都愿意帮助他时,他抬起头,眼睛睁得大大的,不敢相信地问道:"每个人?"很明显,事情的转变让史蒂夫深受鼓舞。

当全班一致决定帮助史蒂夫,并且实践他们诺言的时候,史蒂夫感受到了强烈的归属感,他的行为因而出现了戏剧性的改善。

仿版故事:小艾也可以这样转变

预科年级有个叫小艾的女孩读书很棒,刚从新疆来上海的时候很阳光,是班级的学习委员,被同学们称为"学霸"。可是今年一个跟她很要好的女孩子因为心理问题回新疆了,她就变得独来独往。我跟她谈心交流,建议她要多跟同学主动交往。又过了一个星期,她很不开心地来找我,说自己不想招惹别人,可有同学到宿舍威胁她,告诉她必须夹着尾巴做人。我一边安慰她,一边听她诉说。之后我私底下去寝室了解了情况。同学反映,她就知道学习,回到寝室也不理她们;她说早恋不好,却对人说自己交往过6个

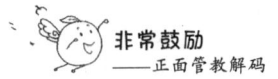

"男朋友"。我跟她沟通，建议她珍惜同学友情，珍惜来上海念书的好机会。本来以为事情会慢慢缓和，可是事与愿违。

元旦过后，她给我写了一封长长的信，在信中表达了三点：一是她看不惯班级有的同学大手大脚地花钱，看不惯有些同学不踏实学习；二是她觉得班级里没有好人，无法融入同学之中；三是她对班级的同学失去了信心，她来上海是为了考取好的大学，再这样下去她觉得自己也会堕落，所以她想回新疆。面对这封信，我有些犯难，好像之前的努力都白费了。看着她的信，我忍不住在办公室里哭了。冷静下来后，我给她写了一封长信，又请她到办公室聊天，引导她把心里的话全部讲出来，帮她分析为什么会遭遇人际交往困难，她也认同我的观点，并找到了自己的不足，还答应试着去改变自己对待朋友的看法。

本以为事情有转机了，可是刚过一周她又遇到麻烦了。她在随笔中谈了早恋的三大危害，没想到这个随笔本被班级的一个男生偷看了，然后班级的一些同学骂她是"汉奸"。早自习时她眼睛发直，早饭也没吃，也不理我，后来又闹着要回新疆……

看到这个案例，我想起了《正面管教》一书中史蒂夫的故事。如果我是小艾的班主任，也会像史蒂夫的老师那样，通过启发提问来解决新疆女孩要回家的问题。

先借故让新疆女孩离开教室，然后告诉学生今天要开一个帮助同学的班会，班里有一位同学十分需要大家的帮助，你们也有能力帮助这位同学。大家愿意不愿意？当学生表达出愿意助人的意向时，老师再提出下面几个启发性提问：

（1）谁是一直想离开我们班级的人？（也可问：谁是班里……

的人?)

……

(2)你们对小艾有哪些看法?(引出问题)

……

这是为了引导孩子宣泄情绪。

(3)大家说说小艾为什么要离开我们班级?(引导学生理解他人)

估计这时学生中会有负面和正面两种声音。正面看法,如她远离家乡想了,她感到孤独等等。要抓住正面看法提出下一个启发提问。如果孩子说:"她远离家乡想家了",则可作下面引导。

(4)小艾远离家,又没有朋友,心里会有什么感觉?(引导学生理解他人)

……

(5)你们有多少人愿意帮助小艾?(引导学生帮助他人)

……

(6)可以用哪些办法帮助小艾?(引导学生帮助他人)

……

(浙江嵊州　蒋玉燕)

追梦直击

原版故事中,老师没有长篇的说理,也没有动用其他特殊的手段,她只是提出了下面六个环环相扣的启发性问题。

(1)谁是班上最能惹麻烦的人?(引出问题)

史蒂夫

(2)史蒂夫做的哪些事情造成了麻烦?(引出问题)

打架、藏球、骂人、起外号……

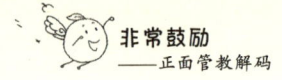

(3)你们认为史蒂夫为什么要这么做呢?(引导学生理解他人)

他故意使坏、他喜欢欺负人、可能是因为他没有朋友、被寄养……

(4)一个孩子被寄养意味着什么?(引导学生理解他人)

离开家一定非常痛苦……

(5)你们有多少人愿意帮助史蒂夫?(引导学生帮助他人)

每个孩子都举起了手

(6)可以用哪些办法帮助史蒂夫?(引导学生帮助他人)

陪史蒂夫上下学,中午陪他一起吃午饭,课间休息时陪他玩……

启发式提问的一个重要特点是不直接告诉,不强迫命令,而是把思考的机会、解决问题的权力还给孩子。

仔细考察上面六个提问,可以总结出一个启发引导学生的基本步骤:

引导孩子负面关注某同学(谁是班上最能惹麻烦的人?)——让孩子表达自己的真实看法(史蒂夫做的哪些事情造成了麻烦?)——启发孩子思考他人行为不当的原因(他为什么要这样做)——引导孩子理解他人的感受(他内心会有什么感觉?)——让孩子关注解决(可以用哪些办法帮助他)。

小艾是一个无法融入集体的人,仿版故事中也是用上面思路来启发的。面对迟到专业户、不交作业的老大难、爱打架的捣蛋王……同样可以参照上述步骤来设计和操作,并试着去引导。

/延伸阅读

苏格拉底的"产婆术"

产婆术,即"苏格拉底法"。它是指在与学生谈话的过程中,不直截了当地把学生应该知道的知识告诉他,而是通过问答甚至辩论的方式来揭露对方认识中的矛盾,逐步引导学生自己得出正确答案的方法。在色诺芬的《回忆苏格拉底》中,记述了苏格拉底与学生讨论有关"正义"和"非正义"的对话,在这个对话中,苏格拉底就采用了这种方法。苏格拉底要求学生列出两行,正义归于一行,非正义归于另一行。他首先问"虚伪"归于哪一行?学生答,归于非正义的一行。苏格拉底又问,偷盗、欺骗、奴役等应归于哪一行?学生答,归于非正义的一行。苏格拉底反驳道,如果将军惩罚了敌人,奴役了敌人,战争中偷走了敌人的财物,或作战时欺骗了敌人,这些行为是否是非正义的呢?学生最后得出结论,认为这些都是正义的,而只有对朋友这样做是非正义的。苏格拉底又提出,在战争中,将军为了鼓舞士气,以援军快到了的谎言欺骗士兵,制止了士气的消沉;父亲以欺骗的手段哄自己的孩子吃药,使自己的孩子恢复了健康;一个人因怕朋友自杀,而将朋友的剑偷去,这些行为又归于哪一行呢?学生得出结论,认为这些行为都是正义的,最后迫使他们收回了自己原来的主张。

由于苏格拉底把教师比喻为"知识的产婆",因此,"苏格拉底法"也被人们称为"产婆术"。这是西方启发式教育的发端。

(资料来自网络)

第三课　用 健康赞美 培养孩子的自信自尊

☆微型讲坛　　健康赞美才是鼓励

☆情境故事1　夸出一个个希望之果

☆情境故事2　他终于融入了班集体中

☆情境故事3　赞美,根治心病的"独一味"

☆延伸阅读　朱莉和肯尼喜欢这样的称赞

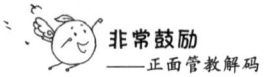

/ 微型讲坛

健康赞美才是鼓励

鼓励既有支持性,也有肯定性的。当学生遭受挫折或犯错时要给予支持性鼓励,如倾听、共情、尊重、信任等,当学生表现出良好行为时就要给予肯定性鼓励。这肯定性的鼓励通常用赞美来表达。但不健康的赞美,会形成赞美依赖,并不是真正意义上的鼓励,只有健康赞美才能发挥鼓励的功效。那么应该怎样区分健康赞美与不健康赞美?健康赞美操作上有何技巧?

通过学习正面管教理论及美国其他一些教育经典著作,结合我国中小学一线教师的实践经验,可以归纳出健康赞美与不健康赞美的根本区别:

两者区别		不健康赞美	健康赞美
赞美过程	指向	指向做事的人(笼统):你真是一个爱劳动的孩子。	指向行为(具体):你把鞋子放得整整齐齐,这样小朋友拿起来方便多了。
	认可	认可完成了或完美的结果:你考了100分,真不错!	认可努力过程:你考了100分,一定付出了很多努力。

续表

两者区别		不健康赞美	健康赞美
赞美过程	态度	摆架子,操纵性:我喜欢小华的坐姿。	尊重的、欣赏的:小华的坐姿真好!
	关于成就感	剥夺孩子的自我成就感:你得了个优,我为你感到骄傲。	关注孩子的成就感:你得了个优,感觉如何?
赞美结果	行动方向	按他人的期待去行动或发展,被"提供赞美者"所引诱或操纵。(行动方向由他人决定)	选择自己想要的行动方向。(行动方向由自己决定)
	对自我价值感的影响(长期效果)	得到他人认可时,觉得自己是有价值的(依赖于别人的评价)。	觉得自己有价值,无需要他人认可(依赖于自我评价)。

从上表可见,要区分健康赞美与不健康赞美,可从三个维度来把握:一是赞美态度是否体现尊重;二是赞美的方法是否讲究;三是赞美的结果,特别是长期效果是否有利于孩子的健康成长。

关于健康赞美的操作技巧主要有下面几种:

1. 描述性技巧

使用描述性技巧时,需要把握三个要点:

(1)描述你所见到的。如:"地板很干净""床很平整""书都整齐地码放在书架上"。

(2)描述你所感受到的。如:"走进这间屋子,觉得很舒服"。

(3)把孩子值得赞赏的行为总结为一个词。如:放学回家,你放下书包就做作业,遇到难题能主动问爸爸,做完作业后还能自己检查。这叫作"自觉"。

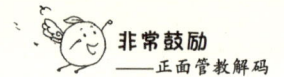

描述性赞美,操作不难,但效果却令人欣喜。记得有一次,到亲戚家里做客,遇上了小朋友琪琪。吃饭时,我不经意间说了一句:琪琪吃饭很快。孩子吃得更快了,不一会儿就见碗底了。这时我就有心夸奖:琪琪饭吃得真干净!孩子拿起碗舔了又舔。后来听琪琪妈妈说,那天吃饭时孩子的表现是最好的,这样的情形以前从来没有过。

描述性技巧在学校里也是大有可为的。比如老师可以说:"我看到小王很细心地捡起了散落在讲台旁边的废纸,并把它放进垃圾篓里,老师真的很高兴。"老师还可以说:"小林同学今天上课时很专心,眼睛常常一眨不眨地看着老师,举手发言也很积极。"这种指向具体的赞美会引导孩子的行为方向。

2. "关注正向"技巧

"关注正向"包括两方面的意义。

第一,在孩子正向行为和负向行为并存时,只看到并肯定正向行为,而忽视负向行为。

如一个学习态度不够端正的孩子,经过心理老师的帮助,有了改变,作业正确率提高了,可回家后马上看电视的习惯依然如故。这时要给孩子鼓励,就要肯定他的正面行为,而不是责备他回家后马上看电视这一点。对于身上问题行为较多、优点不明显的孩子,老师如果能做到及时肯定其点滴进步,暂时不关注负向行为,常常会收获意想不到的惊喜。如果固守着双面评价(同时指出其优缺点)的立场,老师通常会遭遇"屡教屡犯"之困扰。

第二,当孩子有过失或遇挫折时,关注并肯定过错行为、挫折事件中的正向因素。

陶行知先生深谙关注正向之道。有一次,先生制止了一个学生拿砖头去砸另一个学生、并要打人的学生到校长室等待处理。

当陶行知先生回到办公室时,那个学生已经等候在那里。先生掏出第一块糖:"这是奖励你的,因为你很准时到了。"接着又摸出第二块糖:"这也是奖励你的,我不让你打人,你就立刻住手,说明你很尊重我。"该学生将信将疑地接过糖。

陶行知先生掏出第三块糖:"据了解,你打同学是因为他欺负女生,说明你有正义感。"

那学生哭了,承认了错误。这时陶行知先生递给孩子第四块糖:"你主动承认错误,有勇气,再奖你一块。糖发完了,我们的谈话也结束了。"

许多成人都习惯于关注负面因素,而忽视正向因素。实践证明,关注哪一部分,哪一部分就会得到成长。为了保持和扩大孩子的正向行为或优点,成人需要改变原有的关注习惯,形成关注正向的新习惯。

3. "充分赞美"技巧

"充分赞美"是与赞美不足相对而言的。遇到孩子主动擦桌子一类正向行为时,许多妈妈只会说:"你真能干!""你好棒!"如此等等。这显然是赞美不足。充分赞美指的是:赞美时,对孩子的优点和进步,或多加停留,或充分探讨,必要时询问细节。说到充分赞美,我想起了张巧颖老师介绍的一个案例:"小超同学写字时,本子很脏,而且字看上去很散。一天,他有一个字写得非常好。我就夸他,这个字是写得最好的。然后圈出来,告诉他,这个符号表示写得很好。这时他脸上笑眯眯的。批改好作业本后,我发现小超

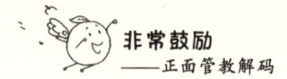

的作业中有一个错误,就让他拿回去订正,离开时我又说了一次:这个字写得真的很好!订正好再交来时,我第三次指着那个字说,这个字写得真的特别好!张老师又忍不住要夸你了,再给你打个小五角星。只见那个孩子的嘴角想忍又忍不住地上扬,我看这确实夸到了他的心坎里。"在一个字上,张老师在不同时机夸了三次,充分赞美的技巧运用得恰到好处。

4. 间接赞美技巧

所谓间接赞美,指的是通过他人之口来赞美孩子的优点或进步,也即对孩子转达他人的赞美。这一招有时会带给孩子强大的正能量。

面对正在转化中的孩子小A,应西芳老师就做了间接赞美的尝试。"运动会中,平行班的班主任老师夸奖他。我马上趁热打铁,热情地肯定他:'哇,你看,连隔壁班的李老师也表扬你了,说你最近进步很大,变得懂事多了!短短几个礼拜,你就有让人刮目相看的变化,真的了不起。'他听得两眼放光。也许他很少有机会得到这样的表扬,特别是这样接力棒式的表扬,传递的是双重的表扬哦。"

5. 引导自我赞美的技巧

自我赞美一个明显的优势是没有"形成依赖于别人的评价"之弊端。所以引导孩子自我赞美是一个不错的选择。自我赞美通常可以用"肯定正向因素+你是怎么做到的?"句式来引发。如一个孩子,原来总是因粗心考不到100分,这次考了满分,就可以问:"这一次你考了满分,你是怎么做到的?"孩子或许会回答:"我做题时很细心,一个字一个字地读题。这样就全做对了。""哦!原来你审题很仔细,就考了100分!老师就知道你能行。"学生回答问题的过程其实就是进行自我赞美的过程。

除上面固定句式外,其他问句也可以引出自我赞美。如看到一个学生写字进步较大的情形时,老师不妨这样询问:"你觉得哪几个字写得比较好?好在什么地方?"经常运用启发提问引导孩子自我赞美,对于帮助他们形成自尊、自信具有积极意义。

健康赞美的技巧除上述以外,还可以从健康赞美与不健康赞美的比较表中总结出一些。如赞美时态度要体现尊重,要认可努力过程等等。

/情境故事1
夸出一个个希望之果

刚参加工作的那几年,我也和许多老师一样,遇到学生犯错,总是采取简单的批评策略。后来发现,只用批评一招,孩子们往往屡教屡犯,这使我感到十分困惑。

偶然的一次,我发现了比批评更有效的做法是表扬。

低年级的孩子,常常忘性比较大,每次扫完地,总是将扫把乱七八糟地堆在教室后面,看上去教室显得非常凌乱。疾言厉色的批评,苦口婆心的劝说,身体力行的引领,都尝试过了,可仍然收效甚微。有时当天记住了,下一次值日又忘得一干二净。

一天早上,我像往常一样走进教室,惊奇地发现:教室后面的扫把放得非常整齐,就像是一列待检阅的士兵一样。那时候,孩子

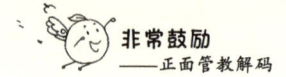

们正在读书,我欣喜若狂地制止了他们,缓缓地道来:"请今天值日的同学起立!"孩子们一个个面面相觑,不知道怎么了,那些值日生呢,也有点摸不着头脑。我微笑着说:"同学们,现在,钱老师想给大家讲一件事情。今天的值日生不仅将教室打扫得非常干净,而且还在扫完地之后,将扫把排得整整齐齐,好像士兵一样,特别有精神。"这时,那些孩子颇为自豪地抬起了头。

表扬完后,我就让大家接着读书了。几天后意想不到的事情发生了,连续好几天,教室里的扫把都放得非常整齐。不仅仅是受表扬的组做好了,其他组的值日生也同样做好了。当时,我突然领悟到一点:表扬的力量是无穷的。

为了巩固上一次的表扬成果,我选择了一个晨间谈话时间与孩子们互动:"今天,钱老师想表扬一些同学,他们是谁呢?请小朋友们来猜一猜。"我故意一顿,激起他们的好奇心,然后说:"这几天,钱老师一直在观察,咱们教室里和以前有了一个很大的不同,你们发现了吗?"孩子们叽叽喳喳地诉说着小朋友的变化,我微笑着,摇摇头,等大家安静下来了,我继续说道:"上一次,老师表扬了一些值日生,他们将扫把放得整整齐齐的。他们呀,给我们做了一个很好的榜样,你瞧,这几天,咱们不同组的值日生,也都将扫把放得整整齐齐的,你说,他们该不该表扬呢?"

"该——"孩子们拖长了音,兴奋地嚷着。

那一次,让我在观念上有了一个大转变。从那以后,我就试着去寻找和表扬同学中的榜样。通常,上课到一半的时候,学生进入了一个心理疲劳期,兴趣开始下降,坐姿也没开头那么精神了。于是,我笑眯眯地看着他们:"钱老师特别佩服××同学,都半节课

第三课 用健康赞美培养孩子的自信自尊

过去了,他还是那样有精神,坐得端端正正的。"话音刚落,好多身体如松树般挺起来了,散了的精神又回到了课堂之中。

经过一段时间的口头表扬,我发现孩子们很多习惯得到了巩固,但是也出现了心理疲倦,怎么办呢?

记得在一本书上看到过,拥抱也是一种很好的鼓励方式,因为能给孩子安全感。

于是,我思考着:如果将口头表扬换成拥抱式的鼓励,是否会有更好的效果呢?

不久,机会便来了。那天刚好遇到一个家长,她告诉我:为了锻炼孩子的自立能力,凡是和学校有关的事情,全部让他自己处理。于是我打算在这位同学身上尝试一下新的表扬方式。

又一节晨间谈话课时,我待同学们渐渐安静下来,然后轻轻地问道:"同学们,你们到学校读书,是为了你自己,还是你的爸爸妈妈呢?"

"自己!"孩子们年纪虽小,这一点倒还不糊涂。

"那既然是你自己来学校读书,为什么遇到请假、忘记作业一类的事情,总是让自己的爸爸妈妈打电话呢?钱老师一直以为你们是在帮爸爸妈妈读书呢。"

"不过啊,有一个小朋友表现得特别棒,当他遇到这类问题的时候,总是他自己打电话给钱老师。他是谁呢?就是我们的小张同学。"

有几个孩子举起了双手,正准备拍手鼓掌了。

我快步走到小张旁边,拉起他,给了他一个拥抱,教室里一片哗然。小朋友们,有羡慕的,也有惊奇的。

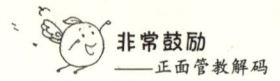
非常鼓励
——正面管教解码

"对那些表现特别特别棒的小朋友啊,钱老师觉得,单单用掌声表扬是不够的,所以,钱老师要给他拥抱。你们想要吗?"

"想——"

于是,又一次成功地激发了孩子们的表现欲望。

我趁热打铁,再一次拥抱了小张同学,这一次,连小张都摸不着头脑了。

"这是奖励给小张的妈妈的,因为是他的妈妈,教育小张,自己的事情要自己做,所以才有了这么能干的儿子。钱老师也很想给小张的妈妈一个拥抱,可是他妈妈在家里,现在只能靠小张把这一个拥抱带给妈妈了,好吗?"

"嗯。"小张腼腆地回应着。

两个拥抱,两种不同的意义。我想,以后遇到这些事,孩子们再也不会推给父母,即使父母想要帮忙,他们也会阻止的。果不其然,后面的日子里,我再也没有接到家长为孩子请假、问作业之类的电话了。

(浙江省嵊州市城北小学 钱鑫星)

追梦直击

赞美有一个近义词叫表扬,其义是公开的赞美。我以为,日常中两个概念互通也未尝不可。

钱老师的表扬真的别具一格!以下几个方面特别具有借鉴意义。

1. 让表扬形式多变

口头表扬使用一段时间后,钱老师敏锐地觉察到了孩子们的"疲劳"现象,并及时调整了表扬方法。其口头表扬、拥抱鼓励都显示了独特的魅力。让孩子带一个拥抱给妈妈,更是富有创意,令人赞叹。

2. 用表扬树立榜样

有些情况下,表扬只对当事人起激励作用。而钱老师对"将扫把放整齐""坐端正""自己打电话"这些行为的表扬,都起到了既鼓励个人又教育全体的作用。如果第一次是无心插柳,后两次则是有心栽树,因为当时钱老师头脑中有一个明确的理念:"要用表扬来树立榜样。"我特别赞赏钱老师这一理念,因为以树立榜样为目标的表扬能使教育效果最大化。

3. 描述孩子的行为表现

表扬一:"同学们,现在,钱老师想给大家讲一件事情,今天的值日生不仅将教室打扫得非常干净,而且还在扫完地之后,将扫把排得整整齐齐,好像士兵一样,特别有精神。"

表扬二:"钱老师特别佩服××同学,都半节课过去了,他还是那样有精神,坐得端端正正的。"

仔细阅读上面两例,不难发现,这些表扬都运用了同一个技巧:描述自己所看到的和感受到的。

4. 表扬之前作铺垫

老师表扬"将扫把放整齐"这一行为时,在描述所见之前,作了一个铺垫:"请今天值日的同学起立!"这一环绝不是可有可无的,它具有激发悬念的作用,能使后面的语言描述更吸引人,对增强表扬效果起了积极的作用。

在鼓励"自己打电话"的行为时,老师同样匠心独具。先

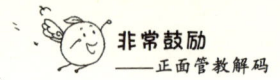

> 引导孩子思考：读书为自己还是父母？然后再肯定"自己的事情自己做"的行为。试想，如果没有前面的铺垫，直接肯定孩子自立的行为，效果又会怎么样呢？不言而喻，会逊色不少。
>
> 　　表扬之前作铺垫，是钱老师的又一个智慧之举，值得大家学习。

/情境故事2

他终于融入了班集体中

　　李军三岁时，他的父亲杀死了母亲，并因而判了死缓，从此他和奶奶一起生活。家庭的不幸，使他早熟，同时也养成了许多恶习。进入中学后其表现更是不堪：多次翻墙撬锁，盗窃别人财物；经常纠集一伙人打架斗殴；曾经持刀敲诈同学，在当地派出所几进几出。上课经常讲话，从来不交作业。逃课、抽烟，更是家常便饭。老师多次批评教育，他软硬不吃，有时还用恶语威胁老师。这是一个一脚在学校，一脚在社会，边缘化了的学生。几个班主任相互推诿，都不想要李军。学校领导找到我说："李军不能推向社会，否则会毁了他一生，你是老教师，教育学生有经验，下周转你班吧！"我口头答应了，但心里十二分的不安。愁眉不展中，忽然想到一个故事：在非洲的巴贝姆巴族中，当族里某个人行为有失检点时，族长便会让犯了错误的人站在村落中央，公开亮相，以示惩戒。每当这时，整个部落的人都会放下手中的工作，从四面八方赶来，将这个犯错的人团团围住，用赞美来教训他。围上来的人会自动分出长幼,然后从最年长的人开始发言,依次告诉这个犯错的人,他曾经为整个部落做过哪些好事。每个族人都必须将犯错人的优点和善行,用真诚的语言叙述一遍。叙述时既不能夸大事实,也不能重复别人已经说过的话。整个赞美仪式,要持续到所有的族人都将正面的评语说完为止。从这故事中,我汲取了智慧和力量。

在周五下午放学前,我对班上的学生说:"下周李军同学要转到我们班。"结果班上炸开了锅。等嘈杂声过去,教室里安静下来时,我继续说:"希望同学们利用双休日,在熟悉李军同学的人中,收集他做过的好人好事,了解他身上的优点,在周一班会时,真心实意地夸夸他的好,让他感受到我们班并没有因为他犯错而讨厌他,让他感受到我们是真心喜欢他,欣赏他,欢迎他。"

周一班会时,我领着李军走进教室,微笑着说:"这节班会的主题是欢迎李军同学加入到我们这个大家庭中。大家鼓掌!"零星的掌声中,李军一副满不在乎的样子,活像搏斗中的螳螂。我接着说:"现在大家来告诉李军,他曾经做过哪些好事,身上有哪些优点。"教室里一阵沉默后,有人开始发言:"李军你唱歌很有天赋,有人在歌厅听到过你的歌声。"紧接着是一个又一个同学的真诚鼓励:

"李军你篮球打得很好,从此我们班篮球队获胜有希望了。"

"李军你很爱劳动,在原来班级每次大扫除你都抢脏活累活干。"

"李军你写得一手漂亮字,以后黑板报就靠你了。"

"李军你待人真诚,不出卖朋友。"

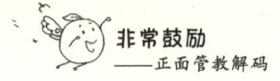

"李军你性格直爽,敢作敢当。"

……

听到同学们的赞扬,李军表情很不自在,但他的心已经开始融化,只见他腼腆地说:"不要说了,我干了许多坏事,不值得表扬。"这句话是他发自内心的。这时我趁热打铁鼓励道:"一个人做了好事,有优点就应该表扬,值得大家学习。也许你以前有过错误,这不可怕,改正了就好。从现在起,老师和同学们帮助你,你愿意吗?""我愿意!"教室里响起了雷鸣般的掌声。从此,李军渐渐地融入了班集体中。

(陕西省长武县昭仁镇初级中学　赵永英)

追梦直击

上面故事中,有三点令我印象深刻。

1. 老师具有关注正向的眼光

这个学生身上的问题成堆,几乎到了犯罪的边缘。可老师没有过多地停留在学生的问题上,而是把眼光聚焦在他的优点和长处上,充分体现了"关注正向"的教育理念。

2. 师生抱有尊重、真诚的态度

因为李军初来乍到,大家不了解他。所以老师给学生布置了一个作业:利用双休日,在熟悉李军同学的人中,收集他做过的好人好事,了解他身上的优点,在周一班会时,真心实意地夸夸他的好,让他感受到我们班并没有因为他犯错而讨厌他,让他感受到我们是真心喜欢他,欣赏他,欢迎他。

老师事先布置,足见用心。学生提前准备,非常配合。周

第三课 用健康赞美培养孩子的自信自尊

一班会时,大家说出的每一个优点、长处都是真实具体的,真诚尽显其中。

在这个班级大家庭里,老师和同学对李军都是友好、尊重和真诚的,这从老师朴实无华的叙述中可见一斑。

3. 集体赞美的力量是巨大的

很多情况下,赞美的操作主体是老师。这里赞美主体却是全班同学,是班级集体。

经验告诉我们,集体的赞美远胜过老师个人的赞美。赵老师用自己的实践再次证明了一个真理:集体赞美的力量是巨大的。

/情境故事3

赞美,根治心病的"独一味"

我班里有一个反应超级慢的学生,学拼音很困难,让她读"蹦蹦跳跳",怎么也读不好。告诉她后面有两个跳,她还是读成"蹦蹦跳",我已经花了很大力气,可她仍然没有进步。她父母也很着急。应该怎么办呢?情急之下,我请教了师范时教我们心理学的蒋玉燕老师。

老师让我多提供一些信息。于是我在QQ上给她留下了一大段文字:

一年级女孩薇薇(化名),长着一双黑亮的大眼睛,外表看起来很可爱。就是这样一个小女孩,给我带来了前所未有的困惑。一

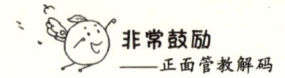

节课下来,所教的内容她几乎都不会,我把她叫到办公室单独辅导,教了很多次以后还不会时,我发火了!可是我越心急,她越是学不会。课堂上叫她站起来读拼音,每次都要等上两三分钟……后来,每次下课,她就躲在桌子下面,生怕被我看到又要叫她学习。有一次她爸爸告诉我,孩子不愿意来校读书,说寝室里有大姐姐要欺负她。后来又发生了意想不到的事情:她每天都把小便解在裤子里。问她为什么要把小便解在裤子里?她的话让我大吃一惊:我是故意的!我继续追问:"为什么?""因为我不想在这个学校里,不想住校。别的学校可以不住校的。"……她爸爸还告诉我,孩子从小在姥姥家长大,直到上幼儿园才接来身边,薇薇有一个弟弟,所以妈妈平时对她不是很关心,并且总责骂她,只有爸爸对她比较疼爱。

看完个案的基本情况后,老师建议我用"焦点解决"原理来处理,并简要对我作了相关培训。"焦点解决"的核心理念是不找问题原因,只关注问题的解决。也就是说不研究问题发生的原因是什么,只研究什么条件下问题不发生(也就是问题得到了解决)。在老师指导下,我形成了基本的辅导策略:一、不再关注问题发生的原因,密切关注何种情况下问题不发生或有所好转(即出现小改变);二、注重赞美和赋能,主要运用"焦点解决"中的赞美技术提升孩子的自信。

以前我关注的是问题,所以心里特别焦急。当我把眼光转向孩子的正向因素时,我就能看见孩子的点滴进步了:轮到她当小老师的时候也肯上去了;不再说不要老师教,要小朋友教了;也不再说不要上学了。看着薇薇的小变化,我心中充满了信心。只是想赞美却感到无从下手。这时老师又给我作了一些赞美的示范。

薇薇"蹦蹦跳跳"读不出来。("'蹦蹦跳'这么难的词语也能读了,再加一个"跳"字就很棒了。")

薇薇敢于当小老师了。("你能上讲台当小老师了,老师小时候还不敢,你比我厉害!")

薇薇愿意来老师这儿读拼音了。("你本来不肯来的,现在能来老师这儿读了,说明你比以前大胆了,想学了,进步了。老师感到很高兴。")

薇薇不再嚷着要转学了。("前几天你想转学,想逃避,现在不说了,我感觉你变勇敢了,加油!")

看了这些赞美的范式,我心中有了底气,于是马上去尝试,并收到了立竿见影的效果,这些都记录在我的网络日记中。

日记一

在测试拼音的时候,薇薇主动上来了,我很高兴。她还有几个不会,我就教她,过了一会儿便会读了。每读出一个我就表扬她:"这么难读的你也能读了,很厉害呢。"接着我告诉她,下去把这几个不太熟练的读一读,再来我这里过关。她很高兴地下去了。过了一会儿她又来了,如此反复了几次也真的过了。我又拍拍她的肩膀说:"你今天收获真大,看来进步不小啊!"

日记二

我积极去寻找薇薇身上的优点,以期发扬放大。写字课时,我发现她的字写得比较好,于是走到她身边,故意像发现新大陆一样大声地说:"薇薇,你的字写得真好,多漂亮啊!"其他正在写字的孩子都抬起头向她张望,坐在她前面的孩子还转过头来看她写

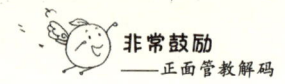

的字。我又有意提高音量:"你是怎么写好字的啊?"她回答不上来。我又用赞赏的语气说:"你再写给我看看!"她小心翼翼地写了一个字,我马上肯定她:"哦!你是很认真地、慢慢地写的。怪不得写得这么好呢!"全班孩子都用羡慕的眼光看着薇薇。我相信,此刻薇薇的心里别提有多得意了!每次改作业时,我总要多奖励她一颗五角星。办公室的老师们都说,薇薇现在好像和以前不一样了,她会笑了!更重要的是,孩子们现在都不再用异样的眼光看她了,都认为薇薇和他们一样棒!

日记三

现在的薇薇已经不怕我了,甚至是喜欢我了,我总看见她闪闪的眼睛望着我,好像在渴望得到我的肯定。今天,由于薇薇好几天没来我这里背课文了。我便找来了她,对她说:"薇薇,你看,前几次你的课文都背完了,做得不错。那后面教的课文你背得怎么样了?"我停了停又说:"我们赶紧把落下的课文背起来,好吗?"她点了点头,我趁热打铁:"那你现在最想背哪篇?""第七课!"她爽快地回答。"好,那你先去读几次,过会儿就把这课背了!"果然,第二节课后,她主动来了,而且一次就背出了,当然有几个字的音不是很准。我还是给打了星。这下不得了,第三节下课后,她一口气又背了三课,我狠狠地表扬了她!

经过近一个月的帮助,薇薇变得像换了一个人似的,不再尿裤子了,不再嚷着要转学了,学习进步了,脸上露出了自信的笑容。尽管有的地方不如人意,但没有什么。正像一位老师说的,上课要说空话,背书积极性不是特别高,这是许多普通孩子共有的问题。我已经把特殊孩子转变成了普通孩子,这不是令人鼓舞的

第三课 用健康赞美培养孩子的自信自尊

成功吗?

1月22日,是一个难忘的日子。期末考试,薇薇语文考了96分。当时连及格也不敢奢望的小女孩,竟然考了96分!她的父母可乐坏了!薇薇的转变,使我体会了"焦点解决"的魅力,赞美策略的神奇!面对学习困难,赞美就是一帖根治"心病"的"独一味"!

(浙江省嵊州市百兴小学　吴晓英)

追梦直击

听到薇薇的进步,看到薇薇老师的成长,我十分欣慰。吴老师竟然在短短的几天时间里,掌握了"赞美技术"的真谛,而且在以后的日子里能够一次又一次地收获赞美的硕果。

吴老师和薇薇之间的故事,有两点特别值得关注。

第一,吴老师在操作层面上主要用了"赞美"这一招

相当长一段时间内,特别是做个案的初期,吴老师每天都会把她所做的和孩子的情况反馈到我的QQ上。我仔细地阅读吴老师提供的所有资料,发现她做的事有这么几件:在学习上辅导孩子;让孩子当小老师;赞美孩子的正向行为,包括微小的进步。

先说说对孩子的学习辅导。据我所知,吴老师个别辅导孩子学习的时间远没有以前多,只是偶尔为之。如"在测试拼音的时候,薇薇主动上来了,我很高兴。她还有几个不会,我就教她,过了一会儿便会读了"。

再来看让孩子当小老师。这是一种无声的赞美,其实是在用行动肯定孩子的进步。而且她敢于当小老师的事实又可

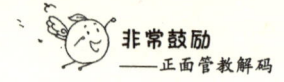

以成为赞美的资源。

由此可见,吴老师是把最大的着力点放在"赞美"上的,其他事做得很少。孩子的戏剧性转变,"赞美"起了决定性的作用,正如吴老师所说,赞美是根治孩子"心病"的"独一味"。

第二,吴老师用智慧创造了一个充分赞美的范例

当第一次看到有关写字课的情境描述时,我情不自禁地跟了帖:把孩子的优点放到班集体中去表扬、放大,好有智慧!再仔细阅读,更觉精彩之极。

针对薇薇"字写得好"这一优点,吴老师接连不断地赞美了四次:

第一次,故意像发现新大陆一样……以至引来全班同学的瞩目。

第二次,故意提高音量:"你是怎么写好字的啊?"

第三次,用赞赏的语气说:"你再写给我看看!"她小心翼翼地写了一个字。

第四次,用很肯定的语气说:"哦,你是很认真地、慢慢地写的。怪不得写得这么好呢!"全班孩子都用羡慕的眼光看着薇薇。

充分赞美的要义在于:"赞美时,对孩子的优点和进步,或多加停留,或充分探讨",吴老师已将抽象的理论转化为生动的教育行为,令人叹服!

/延伸阅读

朱莉和肯尼喜欢这样的称赞

称赞,就像青霉素一样,绝不能随意用药。使用强效药有一定的标准,需要谨慎小心。标准包括时间和剂量,需要谨慎小心是因为可能会引起过敏反应。对于精神药物的施用也有同样的规则。最重要的一条规则就是:只能夸奖孩子的努力和成就,不要夸奖他们的品性和人格。

当孩子打扫了院子之后,说他辛苦了,或者院子看上去多么棒啊,只有这样的评论才是平常的、自然的,而夸他是个多好的人,这几乎是毫无相干的,也不适宜。赞美的话语应该让孩子看到他成绩的真实情况,而不是他品格的扭曲变形。

下面就是一个让人满意的有关称赞的例子:八岁的朱莉很努力地把院子打扫干净了,她用耙子把树叶耙拢,把垃圾运走,并且把工具重新摆放好。妈妈很感动,对她的努力和成绩表示了感激和欣赏:

妈妈:院子原来太脏了,我不相信一天就可以把它收拾干净。

朱莉:我做到了!

妈妈:院子里原先都是树叶和垃圾,还有其他东西。

朱莉:我把它们都打扫干净了。

妈妈:一定费了你很大劲!

朱莉:是的,我确实费了很大劲。

妈妈:现在院子好干净啊,看着都开心。

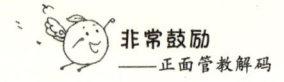

朱莉：它现在很漂亮。

妈妈：你愉快的笑容告诉我你很自豪，谢谢你，亲爱的。

朱莉（灿烂地笑着）：不客气。

朱莉妈妈的话让朱莉为自己的劳动感到高兴，为自己的成绩感到骄傲。晚上，她迫不及待地等父亲回来，就是为了向他显示一下干净的院子，好在心里再次重温一下对出色工作的骄傲。

与此相反，下面对孩子品格的赞美之辞是无益的：

"你真是个好女儿。"

"你真是妈妈的好帮手。"

"没有你，妈妈该怎么办呢？"

这样的评价可能会吓着孩子，让他们感到不安。她可能觉得自己离一个好女儿还差得远呢，配不上这样的称呼。因此，她可能会决定马上减轻自己的负担，用行为不端来坦白，而不是不安地等待曝光自己原来是个骗子。对品格的直接赞美就像直射的阳光，让人很不舒服，很刺眼。当一个人听到别人赞美自己出色、像天使一样可爱、慷慨大方、谦恭有礼时，是一件很尴尬的事情。她觉得至少需要否认部分赞美。在公共场合，她无法站起来说："谢谢，我接受你的赞美，我是出色的。"私下的场合她也无法这么说，因此她必须拒绝这样的赞美。她无法在心里坦白地对自己说："我是出色的""我是很好的""我是坚强的""我是慷慨的"或者"我是谦逊的"。她可能不仅仅是反对这些赞美，很可能还会对赞美她的人产生不好的想法：如果他们觉得我这么棒，那么他们一定不太聪明。

称赞包括两个部分：我们对孩子说的话，以及孩子听了我们的话后在心里跟自己说的话。

我们的话应该明确表明我们很喜欢、很欣赏他们的努力、帮助、工作、体谅、创造或者成就。我们的话应该让孩子能对自己的品格有一个现实的看法。我们的话应该像一块有魔法的帆布，这块布虽然不能给孩子提供帮助，但是，能让他们给自己画一幅正面的画像。

八岁的肯尼帮他父亲修补地下室，其间他搬动了一件很重的家具：

父亲：工作台很重，搬起来很吃力。

肯尼（骄傲地）：但是我搬动了。

父亲：那需要很大的力气。

肯尼（弯起胳膊显示出他的肌肉）：我很强壮。

在上面这个例子里，肯尼的父亲只是对工作的难度做了评价，是肯尼自己对他的个人力量得出了结论。如果他父亲说："儿子，你很强壮。"肯尼可能会回答："不，我并不强壮，班上比我有力气的男生有的是。"而随之而来的很可能就是一场毫无结果——尽管未必痛苦——的争论。

当我们希望孩子好受点时，通常就会称赞他们。可是为什么当我们对女儿说"你很漂亮"时她会否认呢？为什么当我们对儿子说"你非常聪明"时他很尴尬地走开呢？是我们的孩子太难取悦，甚至连赞美都不起作用了吗？当然不是。最可能的原因是：我们的孩子跟大多数人一样，对于赞美他们品格、身体或精神的话不知如何反应。孩子不喜欢被评定。

（摘自海姆·G·吉诺特著《孩子，把你的手给我》）

第四课　用赢得合作四步赢得孩子的心

☆微型讲坛　　要"赢得"孩子,不要赢了孩子

☆情境故事1　耳罩风波

☆情境故事2　抢凳子事件发生后

☆情境故事3　两个不一样的哭宝故事

☆延伸阅读　共同解决问题的步骤

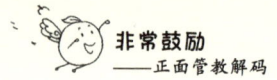

/ 微型讲坛

要"赢得"孩子,不要赢了孩子

　　正面管教中有一个基本理念:要"赢得"孩子,不是赢了孩子。"赢得"孩子与赢了孩子有何区别?所谓"赢了"孩子是指大人用控制、惩罚的手段战胜孩子;而"赢得"孩子则是指大人维护孩子的尊严,以尊重的态度对待孩子(和善而坚定),并相信孩子有能力与大人合作并贡献他们的一分力量,从而获得孩子心甘情愿的合作。"赢了"孩子,使孩子成为失败者。而失败通常会导致孩子反逆或盲目顺从。这两种品质都不是我们所期待的。而"赢得"孩子则能使孩子感受到鼓励。无论家庭教育还是学校教育,"赢得"孩子的合作非常重要。孩子成绩上不去,家长单方面着急,孩子不合作,没用;孩子上课时爱讲闲话,老师一厢情愿地说理,孩子不合作,无效;孩子常常打架,学校给予纪律处分,孩子不合作,可能是负效!反之,只要能赢得孩子的合作,无论是学习问题还是行为问题,都会"柳暗花明",迎刃而解。

　　如何赢得孩子的合作?本书中论及的启发提问等正面管教工具以及尊重、理解等正面管教态度,都有利于赢得孩子的合作。这里再向大家推荐一个非常容易操作的正面管教工具——赢得合作的四个步骤,它能营造出一种让孩子愿意听、愿意合作的气氛。

第一步:表达出对孩子感受的理解(共情)。一定要向孩子核实你的理解是对的。

第二步:表达出对孩子的同情,但不能宽恕。同情并不表示你认同或者宽恕孩子的行为,而只是意味着你理解孩子的感受。这时,你如果告诉孩子你也曾有过类似的感受或经历,效果会更好。

第三步:告诉孩子你自己的感受。如果你真诚而友善地进行了前面两个步骤,孩子此时就会愿意听你说了。

第四步:让孩子关注于解决问题。问孩子对于避免将来再出现类似问题有什么想法。如果孩子没有想法,你可以提出一些建议,直到你们达成共识。

为什么这四步能有效地赢得孩子?当孩子们觉得你理解他们的观点和感受时,他们就会受到鼓励,就会更愿意听取你的观点,并努力找出解决问题的方法。

《正面管教》书中,引用了马丁内斯太太的一段亲身经历。她的女儿琳达放学回到家,抱怨老师在全班同学面前吼她。马丁内斯太太双手叉腰,以一种指责的口气问道:"哼,你做了些什么?"

琳达垂下眼帘,生气地回应道:"我什么也没做。"

马丁内斯太太说:"得了吧,老师才不会无缘无故地吼学生呢。你到底做了些什么?"

琳达阴着脸颓丧地坐在了沙发上,怒视着妈妈。马丁内斯太太继续以指责的口吻说道:"那么,你怎么做才能解决这个问题?"

琳达怒气冲冲地回答道:"没什么可做的。"

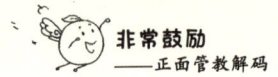

这时,马丁内斯太太想到了"赢得合作的四个步骤"。她深吸一口气,换了一种态度,以友善的语气说道:"我敢肯定老师当着其他人的面吼你,你觉得非常丢脸。"(第一步,表达共情。)

琳达抬起头来,有些狐疑地望着妈妈。马丁内斯太太接着说:"我记得我上四年级的时候,有一次算术考试,我站起来削铅笔,老师就当着全班的面吼了我。我觉得又丢脸又生气。"(第二步,告诉孩子自己也有类似经历。)

琳达这时感兴趣了。"真的?"

"是真的。"

琳达说:"我不过是向别人借支铅笔。我当然认为老师为这么点小事吼我很不公平。"

马丁内斯太太说:"嗯,我很理解你肯定会那么想。你看能不能想一个办法,免得以后自己再这么难堪?"(第四步,让孩子关注于解决问题。在这种情况下第三步就没有必要了。)

琳达回答道:"我想我可以多准备几支铅笔,这样就不用找别人借了。"

马丁内斯太太说:"这听上去像是个好主意。"

要使赢得合作的四个步骤有效,尊重是关键。马丁内斯太太开始时,是以"赢了孩子"的姿态出现的,发现孩子的抵触情绪后就改变了态度,并运用了赢得合作的四个步骤,结果事情发生了戏剧性的变化。这里主要是尊重在起作用,尊重的态度和赢得合作的四步(尊重的技巧)有机结合,使孩子感受到了切切实实的尊重。正因为有了尊重,孩子才会很快地表现出合作态度。所以尊重是赢得孩子合作的根本。

简·尼尔森指出:"通常,经过第一、二步之后,你已经赢得了孩子。等你进入第三步时,孩子就已经能听得进你的话了(哪怕是你以前说了多少遍,孩子都听不进去的话)。第四步肯定会很有效果,因为你已经营造出一种相互尊重的气氛。"在实际应用中,赢得合作的四步可以发展出许多变式。一种变化是步骤的增减。赢得合作的四步中,有时可以只用其中的几步,甚至一步(第一步),必要时也可以在四步的基础上增加一、两步;另一种变化是第一、四步不变,其他环节可以从实际需要出发作适当的改变。如解决孩子之间的冲突时,赢得合作的四步就可以演化为以下三步:表达共情——询问原因(或事实)——让孩子关注解决。

/情境故事1
耳罩风波

星期三午间俱乐部时间,我在教室里批改作业。突然男生小成哭丧着脸来找我,边哭边诉说,同桌把他的耳罩弄破了。为了弄清事情的来龙去脉,我叫来了这位同桌。她叫小月,个性暴躁而直爽,说话不拐弯。我还没有问她,她就迫不及待地讲述了整件事的经过:

坐在她后面的小波说她是张同学的老婆,而且吃饭的样子又是那样难看。脾气暴躁的她哪里受得了这样的嘲弄!当时火冒三丈,随手抄起同桌的耳罩,朝小波"砸"去。柔弱的耳罩哪里经得起这样的折腾!一下子就断了一条腿。

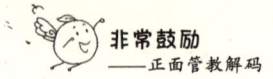

一边听着小月的叙述,一边思考着处理办法。忽然间我有了主意:就用"表达共情——表达同情或讲述自己的类似经历——告诉孩子你的感受——让孩子关注解决问题"这四个步骤来赢得孩子的合作。

考虑到小月是解决问题的关键人物,我就重点做小月的工作。

"小月,这个耳罩与这件事有关吗?"

小月马上回应:"没有关系。但当时我气极了,抄起这个就打。"她的情绪有些激动起来。

"嗯!小波这样说,你非常恼火。"(表达共情)

"谁叫他乱说……"孩子边哭边重新诉说着同学侮辱她的话。

"我能理解你现在的心情。听到这么不中听的话,你感到很受侮辱,是吗?老师以前也有过与你同样的经历。"(告诉孩子自己也有类似经历)

小月眼睛一眨不眨地盯着我,看得出她还在为那件事生气。

我叫来了小波,没有批评他,只是温和地对他说:"小月现在还很生气,你觉得现在应该做点什么呢?"小波解释说,我只是开个玩笑,没想到小月真的生气了。说罢,就向小月深深地鞠了一躬,表示道歉。站在一旁的小月怒气消了一半。不过,她还在指责他不该说这样的话,太让人气愤了。

"小月,你觉得这样的玩笑太伤人了,是吗?"(又一次表达共情,小月点点头)

"耳罩断了,修复有些困难,你说该怎么办呀?"(关注解决问题)

"赔一个新的,同桌最高兴了,但这个是旧的呀!"(她心里有点不情愿,还在不停地查看耳罩能否修好)

"那到底应该怎么做呢?"

她边拨弄耳罩边讲着自己的补救办法:"只要回家想办法把断掉的部分粘好,再用线缝一缝,就可以了。"

"这办法好。回家找你姨婆帮一下忙,她有经验。"

"不用了。让她知道的话,还会骂我呢!"

"你一个人,行吗?"

"我会把它补好的。"

我把小月家里条件不好的情况告诉了小成,还告诉他小月父母在深圳打工,小月是寄宿在她姨婆家的。小成很通情达理,毫不犹豫地认可了小月的补救办法。

"好吧。小月,小心针线,明天把补好的耳罩还给小成。如果有困难,再告诉老师。"

"好吧!我试试看。"

第二天,我去教室了解事情处理的结果,得知小月一大早就把修好的耳罩还给了小成。

当我问什么时候修的,姨婆帮忙了没有。小月的回答出乎我的意料。她告诉我,姨婆不知道这件事。她早上5点多就起床开始修补,自己感觉还修得不错。我把眼光投向她的同桌,小成竟然很满意呢。没想到,只有三年级的她,居然出色地补好了连我们大人也以为难以修复的东西。

最终,小月、小波、小成三人又和好如初。

通过耳罩事件,我深切地体会到:有时"关注于解决问题"比"关注是非对错"更有意义,因为这样"既有利于解决问题,又能促进孩子的成长"。

(浙江省嵊州市长乐镇中心小学 竺珍君)

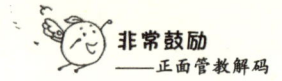

追梦直击

考察处理耳罩事件的全过程,可以发现,竺老师没有过多地纠缠于是是非非,而是用赢得合作的四步,将学生的注意力引向了"解决问题"上。结果既顺利地解决了耳罩问题,又给小月创造了一个提高解决问题能力的机会。对肇事者小波也没有直接的评判,而是用启发式提问引导孩子自己反思("小月现在还很生气,你觉得现在应该做点什么呢?"小波解释说,我只是开个玩笑,没想到小月真的生气了。说罢,就向小月深深地鞠了一躬,表示道歉)。这对于孩子的成长也是有益的。老师模糊是非,孩子自醒自悟,最可喜的是小月锻炼了解决问题的能力,小波有了自我反省的机会,小成经历了一次宽容别人的过程,这不是一个多赢的结局吗?

我十分赞同竺老师的一句话:"'关注于解决问题'比'关注是非对错'更有意义"。许多时候孩子之间的冲突不涉及大是大非问题,这时"解决问题"自然比分清是非更重要。当关系到原则问题时,"不关注是非而关注解决"则是一个策略,因为这样可以避免激化矛盾,有利于解决问题。至于孩子认识错误之事,是没有必要担心的。只要运用"赢得合作的四步",就可以营造出一个尊重、合作的氛围,孩子身在其中,必然会有一定程度的自醒自悟。

"既解决问题,又促进成长。"这是一个十分重要的教育理念,如何践行这一教育理念?竺老师用自己的亲身经历告诉我们:"赢得合作的四步"是一个不错的选择!当学生情绪过于激动时,"赢得合作的四步"中的第一步"共情",不能只限于一次,而需要反复多次地表达。这些都是耳罩事件留给我们的启发和思考。

/情境故事2
抢凳子事件发生后

"茹老师,小楷抢我的凳子。"

预备铃响,我一进教室,小进就委屈而气愤地向我告状,后面跟着同样气呼呼的小楷:"本来就是我的凳子。"

"是我的,本来就摆在我的位子上的。"

……

我先示意他们停下,然后走到他俩的位子上,只见小楷的桌子下已经摆好一条凳子,而小进的位子空着,另一条凳子则倒在过道上。我检查了两条凳子,并无区别,更无破损,也许孩子以特有的形式记认着。就要上课了,如果这会儿我当起福尔摩斯,着手"破案",就会影响其他孩子正常上课,如果不"破案",强行分配凳子,不顾孩子的感受,有可能会影响他们上课的情绪。如何快速而周全地解决问题呢?

我说:"先不说两条凳子到底是谁的,先请小楷和小进说说心情吧!"

"很生气。"小进先发言。

"嗯,没有凳子坐了,肯定不高兴。"我认同了他的感受。

"我也不高兴。"小楷耷拉着脑袋说。

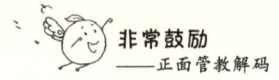

"你认为凳子本来是你的,所以你不高兴。"我同时认同了小楷的感受。

"这两条凳子有破的地方吗?"

"没有。"他俩异口同声地说。

"都能坐吗?"

"能坐。"

"既然没有什么差别,都能坐,你们能不能想一个办法,自己解决凳子的问题呢?"

这时已经有许多小朋友私语着,也有不少小朋友举起手来,想帮忙解决。但我请小楷和小进自己说。

"算了,我坐那条好了。"小进明白了我的意思。

"我这条给你好了。"没想到小楷亦非常懂事。

我看着他俩一起去拿凳子,不一会儿就安静地坐下了。

(浙江省嵊州市城南小学 茹茉莉)

追梦直击

从茹老师的文章看,抢凳子的故事是突然发生的,处理问题的机智是临时生成的。虽然是急中生智,却与正面管教中的"赢得合作四步"高度吻合。

先看第一步——表达共情。

我说:"先不说两条凳子到底是谁的,先请小楷和小进说说心情吧!"

"很生气。"小进先发言。

"嗯,没有凳子坐了,肯定不高兴。"我认同了他的感受。

(共情)

"我也不高兴。"小楷耷拉着脑袋说。

"你认为凳子本来是你的,所以你不高兴。"我同时认同了小楷的感受。(共情)

再看第二步——关注解决。

"这两条凳子有破的地方吗?"

"没有。"他俩异口同声地说。

"都能坐吗?"

"能坐。"

"既然没有什么差别,都能坐,你们能不能想一个办法,自己解决凳子的问题呢?"

这时已经有许多小朋友私语着,也有不少小朋友举起手来,想帮忙解决。但我请小楷和小进自己说。

"算了,我坐那条好了。"小进明白了我的意思。

"我这条给你好了。"没想到小楷亦非常懂事。

我看着他俩一起去拿凳子,不一会儿就安静地坐下了。

茹老师先问了几个铺垫性问题后,抛出了一个关键性问题:"你们能不能想一个办法,自己解决凳子的问题呢?"这话一出,孩子的注意力就被引到了"解决问题"上。

从上面可以看到,茹老师处理问题时,应用的是"赢得合作四步"中的两步。正是表达共情和关注解决这两步帮她赢得了孩子的合作,因而迅速而圆满地解决了抢凳子这一突发事件。

茹老师表达共情的过程很有借鉴意义。在表达共情的许

多真实案例中,一般都是直接猜测孩子的心情(如"小楷你一定很不高兴吧"),以表达对孩子感受的认同。而茹老师与众不同,她是先让孩子说说自己的心情,然后认同孩子的感受。茹老师的做法至少有两大优势:一、给了孩子一个宣泄负面情绪的机会(说自己感受的过程就是宣泄的过程)。二、共情会比较准确。表达共情时使用猜测性的问句,有时会出现误差。当孩子自己说出了感受后,老师再表达认同,共情的准确性就能得到保证。

茹老师引导孩子关注解决问题的做法也颇有参考价值。"关注解决"这一环节,通常使用启发性提问或头脑风暴来引导孩子思考解决问题的对策。抢凳子案例中,茹老师用的是三个环环相扣的启发性提问:"这两条凳子有破的地方吗?""都能坐吗?""既然没有什么差别,都能坐,你们能不能想一个办法,自己解决凳子的问题呢?"正是这一组逻辑联系密切的提问,使两个孩子很快地找到了解决问题的方案。"如何运用启发提问引导孩子关注解决问题",茹老师用实例做了具体而生动的诠释。

/情境故事3
两个不一样的哭宝故事

故事之一:

一年级A班有个闻名全校的超级"哭宝"。从开学到第7周,几乎每节课的课间都能见到小林坐在教室门口的长凳上大哭大叫:"我要回家!我要(被)开除!"小林的老师很有爱心,更有耐心,哄、吓、骗,轮番上阵,奖励棒棒糖,用"校长来了"恐吓,特许孩子给父母打电话(因为是寄宿制学校),承诺给他一个别的小朋友都没有的"大奖",如此等等。最后没辙时,又选择了冷处理——不关注或少关注她。半个学期后孩子才基本上适应了住校生活。

故事之二:

师:小林,老师不会批评你。只是想和你谈谈心。好吗?

生:(沉默)

师:你很想家,家里吃的比学校食堂好多了,是吗?(初步共情)

生:是的。学校的饭菜我真的不喜欢。

师:学校里的饭菜确实没有家里好。(再次共情)在学校里还有其他不习惯的吗?你大胆说,老师听着呢!

生:早上起来衣服要自己穿,我总是比较慢的一个。以前在家里是外婆帮我的。

师:穿衣服比较慢,你感到自己不如别人,有些丢面子,是吗?

生:是的。寝室同学要笑话我的。

师:你觉得他们不尊重你,心里很难过,老师能理解。想听听老师小时候的故事吗?

生:好啊!我想听。

师:上小学一年级的时候,因为身体原因,我到将要期中考的时候才去插班。上学后我特别害怕做广播操,因为别人都会,只有我不会。老师让我在边上看,我很紧张,越紧张越学不会。因而常常被同学嘲笑,有的还学我做操的样子,真的难受极了。那时我也

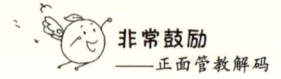

想过不去上学。(表明与孩子有相似经历)

生:(很有兴趣地)那后来呢?

师:后来我是苦练出来的。爸爸向老师要了一张广播操的图解,我就每天在家让妈妈教我练习,过了一段时间我就学会了。

生:真的?

师:是真的。你想不想解决穿衣慢的问题呢?

生:我还是想回家。

师:我知道你特别想回家,自己的愿望无法满足时只好哭,其实你也不想哭的,只是忍不住,是吗?(第三次共情)

生:(点点头)

师:老师知道你是没有办法才这样的。你想知道老师的感受吗?

生:嗯!

师:这段时间你总是哭,老师想尽办法也帮不了你。我真的感到很无奈,又很不安。晚上在家里也常常会担心:小林不知道现在怎么样了?老师希望你早一天快乐起来。(表达自己的感受)

生:老师,我不想让您担心。

师:你很懂事。我们一起来讨论如何解决穿衣慢的问题,好吗?(让学生关注解决)

生:好的。

师:你知道头脑风暴吗?就是尽快地想出许多解决问题的方法,没有对错好坏之分,只要想到了,都可以说,不会受到批评。

生:老师,我想到一个办法。像老师那样回家练习。

师:能从老师的做法中总结经验,不错!还有呢?

生:请同学教我。寝室里小烨对我还好的。

师：能想到找寝室同学帮助。真会动脑筋。还有吗？

生：我让妈妈给我带不要系带的鞋子。还有我一个人在时，多练习拉拉链。

……

师：你觉得上面这些方法中，哪些是比较容易做的呢？

生：回家练习；让妈妈给我带不要系带的鞋子；多练习拉拉链。这些都可以做到。

师：好，那你就去做吧！你去做了，有进步了，可要告诉我，让老师也分享你的快乐。

……

故事之一是真实的，故事之二是虚构的。之所以编写后一个故事，目的是想给看不见孩子感受、找不到有效应对方法的老师们提供一个解决问题的新思路。

（浙江嵊州　蒋玉燕）

追梦直击

> 看完第一个故事，我的第一感觉是"老师很少看见孩子的感受"。七八岁的孩子，第一次远离父母，进入一个完全陌生的环境之中，校园是不熟悉的，同学是不认识的，老师是从未遇见过，学校生活与以前是完全不同的。这时她有各种各样的负面感受及诸多不适，如担心（能否融入集体等）、失落、孤独、无助、想家等等。很遗憾，老师虽然关注了孩子想家这一点，但对其他感受却丝毫没有察觉。其实从许多心理学书上都可以读到这样一个并不深奥的真理："孩子的行为和

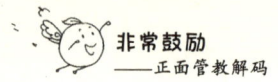

感受是紧密相连的,暴露在表层的是行为,而隐藏在行为背后的是孩子的感受和想法。遇上孩子不当行为时,要回应感受,而不是回应行为。"然而现实中,人们总是习惯于回应孩子表层的行为,而忽略他们深层的内心感受,"哭宝"的老师也不例外。

第二个虚构故事,实际上是完整应用赢得合作的四个步骤的一个样本。

第一步:共情

你很想家,家里吃的比学校食堂好多了,是吗?(初步共情)

学校里的饭菜确实没有家里好。(再次共情)

我知道你特别想回家,自己的愿望无法满足时只好哭,其实你也不想哭的,只是忍不住,是吗?(第三次共情)

第二步:表明自己与孩子有相似经历

上小学一年级的时候,因为身体原因,我到将要期中考的时候才去插班。上学后我特别害怕做广播操,因为别人都会,只有我不会。老师让我在边上看,我很紧张,越紧张越学不会。因而常常被同学嘲笑,有的人还学我做操的样子,真的难受极了。那时我也想过不去上学。

第三步:表达自己的感受

这段时间你总是哭,老师想尽办法也帮不了你。我真的感到很无奈,又很不安。晚上在家里也常常会担心:小林不知道现在怎么样了?老师希望你早一天快乐起来。

第四步:让学生关注于解决问题

你很懂事。我们一起来讨论如何解决穿衣慢的问题,好吗?

> 从第二个故事中可以看到,应用赢得合作的四个步骤时,表达共情,不是一次完成的。老师表达共情有三次,第三次是在完成第二步(表明自己与孩子有相似经历)之后。所以对"四个步骤"要灵活应用,切忌刻板化。
>
> 故事一中的哭宝,整整哭了七周,过了半学期才基本上适应住校生活。老师付出很多,孩子消耗很大。如果老师能早一点看到孩子的感受,并用赢得合作的四个步骤与孩子沟通,孩子还需要哭闹那么久吗?老师还需要付出那么多吗?相信大家会有自己的答案。

/延伸阅读
共同解决问题的步骤

共同解决问题的七个步骤是正面管教的又一个重要工具,它与赢得合作的四个步骤有异曲同工之妙。

1. 引出谈话

老师或家长描述自己观察到的现象,并保证孩子的情绪安全:"我注意到_____,我希望能够用一种我们都能接受的方式来讨论这个问题。我希望我们不互相批评和责备,而是互相尊重。"

2. 倾听孩子的心声

询问孩子:"你对这件事是怎么理解的?又有怎么样的感受?"静静地听孩子说,不要打断、评判,可以问"还有吗?"当孩子说完

想法后,要用共情的方式反馈孩子刚刚所说的:你感到_____因为_____而且你希望_____。

3. 表达自己的感受和想法

告诉孩子自己对这件事的的想法和感受。然后请孩子对你刚才说的话给出反馈。

4. 感谢孩子的分享

"谢谢你能够与我分享你的想法和感受。"

5. 引导孩子关注"解决问题"

可以用启发提问引导孩子思考:"你觉得解决这个问题,我们能做些什么?"也可以与孩子一起头脑风暴。不要批判、点评、否定孩子的建议,可用点头、微笑、"嗯"等表示听到了。如果孩子无法提出建议,成人自己也可以提出一些建议。

6. 选择行动方案

从各种建议中选择一个双方都愿意接受的方法。当然,解决问题的方案可由成人与孩子共同选择, 也可以由孩子自己选择(这有利于提高执行力)。如果时间充裕可就选择的方案进行模拟演练。

7. 约定下次会面的时间

选定行动方案后要约定下次会面时间,比如一天后、一周后的某个具体时间。再次会面时,要一起回顾执行的情况及其所取得的成果。

(摘自琳·洛特、简·尼尔森著《正面管教家长培训师指南》,有删改)

第五课　用非常班会调动孩子的"参政"热情

☆微型讲坛　高效轻负的"非常班会"

☆情境故事1　学生不交作业,班会来帮忙

☆情境故事2　让学生学会对值日负责

☆情境故事3　一场别开生面的班会

☆情境故事4　用"致谢"打开孩子的情感大门

☆延伸阅读　弗兰克用班会改变了班级面貌

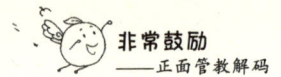

/ 微型讲坛

高效轻负的"非常班会"

《正面管教》一书中论及的班会深深地吸引了我。因为这种班会与大家平时所见的班会有诸多不同;这种班会设计不需要耗费特别多的精力;这种班会对于增强班级管理效能和促进学生的成长具有独特的价值。可以说是一种高效轻负的"非常班会"。什么是"非常班会"?"非常班会"有何特点?如何有效地组织"非常班会"?围绕这些问题,笔者对简·尼尔森的有关论述及自己的思考作了一些整理,与各位分享。下面中提到的"班会"都是指"非常班会"。

一、"非常班会"的程序

简·尼尔森在《正面管教》一书中总结了班会的操作程序:

1. 从致谢开始。学生围成一个圆圈就座。致谢时用一个小物件作为发言棒,顺着圆圈传递。想要致谢的学生可以在发言棒传到自己手里时发言。老师可以让学生这样表达:"我想要感谢……(同学的名字)……(做的某件事)。"发言棒应传递一整圈,以便每个学生都有向同学致谢的机会。

2. 宣读议程上的第一个问题。在班会前的几天,让学生把问题写到班会议程上。待致谢结束后,问第一个把问题写到议程上的学生,问题是否还没有解决。如果这个学生说已经解决了,就进入下一个问题。如果有时间,可以问这位学生,问题是如何解决的。

3. 如果问题还没有解决,就顺着圆圈传递发言棒,让大家发表意见和建议。要从那个把问题写到议程上的学生开始传递,终点是排在这名学生前的最后一个人。作者建议把发言棒传递两圈,因为学生们在听过别人的发言之后常常会有更多的想法和建议。第二圈不会用太长的时间。

(注:班额较大时不宜传两圈;班额过大时,是否座位排成圆圈,是否每人发言都要另作考虑。超过五十人的班级是否适宜开非常班会有待于实践来验证。)

4. 把每条建议都原汁原味地写下来。如果学生的年龄足够大,这项工作可以由一个学生来做。

5. 老师或学生代表宣读所有的建议。然后询问问题涉及到的学生,他认为哪一个建议最有帮助。如果涉及到的学生不止一个,就让他们各自选择一个。当议题涉及班里的每个人时,选择建议或做出决定要遵循"多数同意"的原则。

6. 问做出选择的学生,愿意何时开始执行自己选定的建议。你可能想给出一个有限制的选择,比如是今天还是明天,或是在课间休息时,或是放学以后。给学生一个执行时间的选择,有一些特殊的好处。这会给他们一种承担责任和实践承诺的感觉。

上面六步是班会的操作程序和细则。从中不难看出,这类非

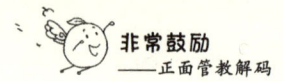

常班会包括致谢和讨论两个环节。讨论环节又包括呈现问题、全体学生发表意见和建议、主持人宣读所有的建议、相关学生做出选择等几步。简·尼尔森指出，班会的操作程序并非是不能改变的，老师可以有自己的独特做法和创造。据我所知，当地那些热心于正面管教的老师们，组织班会时，在保留班会基本程序的基础上，根据自己的实际修正了某些环节，仍然取得了令人满意的效果。

二、"非常班会"的特点

非常班会与常规班会（主题班会）相比至少有以下几大特点。

特点之一：不同班会的课时目标是相同的

常规班会，每一个班会有自己独特的目标。通常会围绕既定的主题设定相关的知、情、意、行方面的目标。如某老师将小学低年级主题班会课《学会称赞》的目标设定为：让学生体验称赞他人的快乐；让学生尝试称赞他人的行为。而非常班会只以学生提出的问题为班会内容（如他上课时经常迟到怎么办），不设置特定的主题，只讨论问题本身（用哪些方法来解决迟到问题），因而难以设定某节课特殊的课时目标。但每节课的共同目标非常明确，具体有四方面：学会致谢，学会感恩；相互帮助；解决问题；筹划班级活动。其中主要目标为：相互帮助和解决问题。不难理解，相互帮助和解决问题都是可以操作的具体目标，实际上就是所有班会共同的课时目标，所以组织非常班会时不需要再费心力去设定每节班会课的独特目标。

特点之二：所有的班会课用来巩固同类积极品质

由于班会过程是帮助自己、他人或集体解决问题的过程，而且每次班会第一个环节是致谢,因而这类班会能够帮助学生形成感恩、负责任、互相尊重、互相帮助等积极品质,同时还有利于培养学生的自我价值感和归属感,提升其解决问题的能力。当然这些目标不是凭一节或几节班会课就能实现的,而需要足够数量的班会才能达成。常规班会也能培养诸如称赞他人一类的积极品质,但培养策略不一样,常规班会很难给学生不断练习、巩固同一品质的机会,因为同样一个主题,最多只能上几节班会课。而非常班会不同,它是用所有的班会课来帮助学生练习和巩固感恩、负责任、互相尊重、互相帮助等积极品质的,而这些品质正是良好人格结构中的核心成分。

特点之三:个别学生的问题由班会解决

绝大多数情况下,常规班会针对的是班级的普遍问题。如班里学生不团结,可以开一个团结互助的主题班会,班里学生爱告状可以开一个"学会赞美"的主题班会。而非常班会针对的问题可以是集体或少数学生的,也可以是个别学生的,甚至还可以是家长、老师的,而且把个别学生的问题作为班会议题的情况比较多。

把个别学生的问题作为非常班会的重要内容,有些老师可能会想不通,会执着于"个别问题私下沟通"的信念。在这些老师看来,问题总是负面的,为保护学生的自尊,也为减少学生的阻抗,得私下沟通。其实,非常班会中提到的学生问题与老师们心目中的学生问题并不是一回事。非常班会涉及的学生问题(如迟到了怎么办),常常是由当事人自己提出来的,不是老师认定的,而且提出问题(把自己的问题写到班会议程上)是为了寻求解决问题的方案,而不是为了批评指责。同时,在实施非常班会的过程中老

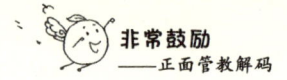

师要特别重视引导学生学会尊重人。这样的情况下，当事人一般不会有阻抗，也不会受伤害。当然班会的尝试阶段，学生提建议可能会变成责备、批评，但时间长了他们就能学会以尊重人的态度帮助他人。在班里还没有形成积极氛围之前，而且问题是他人提出的时候，可以让当事人回避。

此外老师们可能还会有一个疑虑：当个别学生的问题没有普遍意义时，开班会不是浪费全班同学的时间吗？这与不理解非常班会的功能有关。其实非常班会有两个层次的功能和目标：解决问题，助人成长。前者也有实际意义，但后者才是重点。在解决问题的层面上，受益者可能只是个别同学，在助人成长的层面上受益者却是全体。非常班会上，每个同学积极为他人出谋划策，自己也接受他人的帮助，久而久之，大家会收获团结互助、尊重他人、负责任、自我价值感和归属感等积极品质，同时还会提升解决问题的能力。当班级形成团结互助、尊重他人的良好风气时，当班里的学生都具有自我价值感和归属感时，何愁班级和学生不优秀呢！可见，当问题只涉及个别学生时，班会的价值在于促进学生的心灵成长，营造积极的班级氛围。

特点之四：班会内容由学生做主

组织常规班会时，选题是一件颇费心力的事。众所周知，确定班会主题和内容，不能随意而为，而需要考虑诸多因素。比如要了解学生的年龄特点，要分析班级的实际情况，以优化班会的效果。而非常班会的内容是由学生确定的，学生提什么问题，班会就讨论什么问题。或许有的老师会担心，学生提出不适宜的问题怎么办？简·尼尔森做出了精妙的回答："不要审查议程上的项目。有些老师觉得应该审查那些在他们看来是'打小报告'的项目。在你看来好像是'打小报告'的项目可能是孩子们真正关心的问题。还有些老师想剔除那些与已经讨论过的问题类似的问题。同样,对你来说也许是类似的问题,但对孩子们来说却是个独特的问题。要记住,解决问题的过程比问题的解决办法更重要。即使问题在你看来是相同的,但孩子们解决的方式可能会有所不同,或者会因为他们已有的经验而使问题更快得到解决。"当然涉及到学生隐私等特殊问题,还是需要老师灵活处置。

常规班会,有的内容需要有系统性,如人际交往方面,有的班级可能需要连续上几节相关主题的班会课。非常班会内容(问题)由学生提出,所以随意性较大,但这并不影响班会的课时目标(解决问题和互相帮助)和长期目标(培养感恩、互助、负责任等积极品质)的达成。

三、"非常班会"成功的诀窍

(一)用心训练学生

在开始时,班会不一定会成功,很可能需要经历一个月的痛苦,因为学生还不习惯于互相帮助,而是更习惯于惩罚。他们还不习惯于把错误看作学习的机会,而是习惯于逃避责任,因为他们害怕受到责难、羞辱和痛苦。如果老师在最初的四次或更多次班会上,花时间把影响"有效班会的八大要素"教给学生,让他们掌握一定的技巧,并培养出对非惩罚性解决方案的积极态度,班会将会更加有效。当然有的训练可在班会前单独进行。

影响"有效班会的八大要素"为:围坐成一个圆圈、练习致谢和感激、运用议程和班会程序、尊重差异、培养沟通技巧、专注于

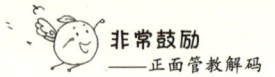

非惩罚性的解决方案、角色扮演和头脑风暴、理解并运用四个错误目的。要保证班会的成功,就需要通过训练让学生掌握八项技能,下面有选择地介绍一些训练方法。如果想更全面地了解正面管教班会的组织方法,可阅读《教室里的正面管教》一书。

1. 围坐成一个圆圈

学生们围坐成一圈开班会很重要。这样的座位,能使每个人能够看到彼此并传递发言棒,有利于大家集中注意力倾听,有利于大家积极参与,有利于形成相互尊重的氛围。让孩子们坐在各自的座位上,不利于形成积极的讨论氛围。

要让学生们很快地围坐成一圈,需要花时间训练安静有序地搬动课桌椅的功夫。训练可以包括几个步骤。首先可以问学生,需要怎么做才能以尽可能小的噪音和混乱来搬动课桌。他们通常会提出顺利搬动课桌所需要的所有好主意。其次,让大家按好主意移动桌椅。如果他们在搬动时吵闹或干扰别人,就让他们反复练习,直到解决这个问题。据观察,经过训练的学生,通常能在30秒至60秒内完成搬动课桌椅的任务,并围坐成一圈。班额较大的班级可能会需要多一点的时间。

2. 进行致谢

应该花些时间和学生们一起探讨"致谢"的含义,要让学生懂得"致谢"应该针对同伴所做的任何让人感觉比较好的事情。

练习"致谢"的方法也十分重要。首先要让学生通过头脑风暴列举出各种值得感谢的具体事例。其次,教他们这样表达:"我想要感谢……(同学的名字)……(做的某件事)",并让大家在第一次或前几次班会上练习。此外,老师还可以每天给孩子们做致谢的示范。

在第一次班会上,要让每个孩子至少向一个同学致谢,以确保他们都能学会该怎样致谢。对致谢有困难的孩子要及时指导(如有的孩子会说:"我要向A致谢,因为他是我的朋友。"这时要引导他将致谢内容具体化)。此外,致谢过程的另一个重要部分,是要让受到感谢的同学跟着说一句"谢谢你"。刚开始的几次班会也可以用全部时间来让学生们掌握如何致谢和接受致谢。

3. 学会使用议程

要在组织班会之前把议程介绍给学生。可以在教室里的简报栏上留出一块地方来,也可以在全班同学都能接触到的地方放一个记事本。要向学生说明,你将要教他们解决问题,而不是由你来替他们解决全部问题。从现在开始,他们有了什么问题,不需要再来找你,而可以把他们的问题写到议程上。

使用议程时,可能会出现各种各样的问题:没有人写、提不出有价值的问题、还没有学会尊重人就把涉及别人的问题写到议程上,或者仍然会带着问题来找你(而不是写到议程上)。针对这些,需要对学生进行指导和训练。比如给学生宣讲把问题写到议程上的意义(可以得到全班同学的帮助)。又比如,告诉大家,暂时不要把涉及到其他同学的问题写上去。当他们学会了尊重并帮助别人时,就可以写上其他同学的名字及其问题。当学生带着问题来找你时,可提醒他们把问题写到议程上去,并在班会上解决。

4. 学会相互尊重

如何让孩子学会相互尊重?

要教会孩子相互尊重,切忌提简单的要求或抽象的口号。下

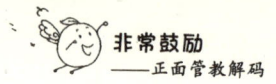

面两种做法会比较有效:

一是在学生提建议时,会出现尊重或不尊重人的建议、思路,这时可以引导学生鉴别,对尊重人的意见给予鼓励,对缺乏尊重的意见,让学生自己体会、感悟。

二是针对班会课上经常会出现的对人不够尊重的情境,启发学生思考、感悟。

(1)为什么几个人同时说话是不尊重?(我们无法听清每一个人在说什么。发言的那个人会觉得别人不在意他说的话,等等。)

(2)为什么打断别人的话是不尊重?(打断别人的话时,别人感觉会不好,我们自己也无法从中学到东西。)

(3)为什么在别人说话时要注意听?(这样才能做到互相学习、表现出互相尊重,而且我们都希望别人能够听自己说。)

5. 学会专注于非惩罚性的解决方案

开始几次班会,同学们提出的解决问题方案很可能是惩罚性的,这时老师要设法引导孩子们关注解决问题的方案。

比如五年级某班,有两个同学迟到了,班会上大家通过头脑风暴提出了如下惩罚性的意见:

(1)让他俩把自己的名字写在黑板上。

(2)让他俩放学后留下,他们上课迟到了几分钟就留几分钟。

(3)扣除他俩明天的课间休息时间,他们迟到了几分钟就扣几分钟。

(4)取消他俩明天的课间休息。

(5)向他们吼叫。

这时老师告诉学生,上面这些做法接近于惩罚。能否帮助两名同学寻找解决迟到问题的有效方案？通过第二次头脑风暴,大家又提出了如下建议：

(1)大家可以一起大喊："打铃啦！"

(2)迟到的同学可以在靠近电铃的地方玩。

(3)迟到的同学可以注意别人什么时候回教室。

(4)把电铃调得更响一些。

(5)迟到的学生可以选一个好朋友,提醒他们该回教室了。

(6)打铃的时候,大家可以拍拍那两个迟到同学的肩膀。

从前后两个大相径庭的建议清单看,只要老师及时引导,学生是能学会用尊重人的方式来帮助同学的。

(二)努力修炼自身

要保证班会的成功,不仅要训练学生,教师自身也要注意态度、技巧方面的修炼。就老师的态度和技巧问题,《正面管教》一书中论述了六个方面,我以为下面几点特别重要。

1. 能够坚持非评判态度

非评判态度,这里是指对学生提出的意见、建议,老师尽可能不要评判,尤其不能批判。这很重要。当学生感到他们可以不受评判地提出并讨论任何问题的时候,他们就会把很多问题提出来,在讨论时也敢于发表自己的看法。老师们想改变自己好评判的习惯,可从以下两点做起。

首先,不要审查议程上的项目。如果按老师的价值观和标准去筛选议程上的问题,会影响学生提问题的积极性。

其次,在班会上学生发表意见时,老师不要随意评判。这并不意味着你不可以提出看法,当发言棒传到老师手中时,可以发表

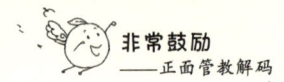

自己的意见或建议,还可以把自己的问题放入议程,并表达你的观点。

2. **善于寻找学生行为背后的积极意图**

能够找到每个行为背后的积极意图是很重要的。这能让孩子们觉得受到了认可并感觉到自己的价值,这是孩子改变行为的先决条件。在一次班会上,学生们讨论的问题是作弊。存在这个问题的一个小姑娘解释说,她在拼写测验时看单词是因为她希望能够通过测验。米德尔老师问大家:"有多少同学认为想要通过测验的想法很好?"大部分同学都举起了手。有一个男孩子承认,他曾经作弊被抓到过,不得不补考一次。米德尔老师问道:"这件事对你有帮助吗?"男孩子说:"有。"这是两个从负面的事件中找到积极因素的例子。全班继续开会,为改进这种行为提出建议。由上述案例看,认可学生不当行为背后的积极意图的好处是,能使学生有勇气面对自己的错误,并以更理性的态度来改变自己的行为。相反,无视学生行为背后的积极意图,学生更有可能产生辩护和逃避行为。

(三)合理安排班会的时间间隔

作者根据老师们的实践经验提出了对班会频度的要求。

小学里,班会应该每天开一次(或至少每周三次)。如果班会的次数不够,孩子们就会因为自己放到议程上的问题被搁置太久,而感到失望,另外,也不能通过每天的练习来保持各种技能。

初中和高中的学生们能够更快地学会班会的步骤,并且保持这些技能的时间也更长,可以每周开一次班会。然而,高年级的学生同样会在得到倾听以及对他们能力的尊重时,更愿意与老师合作。因为这个原因,有些初中和高中班级为了增加班会的频度而另设一次早会。

　　班会间隔安排与冷静期也有一定的关系。或许有的学生希望自己写到议程上的问题能够马上得到解决。这就需要向学生解释,在解决议程上的问题之前等待几小时或者一两天的目的,是给人提供一个冷静和平静下来的机会,这样才能以尊重的态度解决问题。

/情境故事1
孩子不交作业,班会来帮忙

　　参加教师专业发展培训时,我领略了金慧慧老师引领的一节"非常班会"模拟课,心中颇有触动。操作难度不大,针对性强,依靠集体的智慧和力量解决班内的老大难问题,这些是最吸引我的。回到学校后,我决心照葫芦画瓢,也来堂山寨版的"非常班会"。

　　为了保证参与面,非常班会人数不宜过多。我任教的四(2)班正好只有31名同学,适宜于组织非常班会。班级里有一个经常不交作业的女生小金。起初她总是借口作业本落在家里了来搪塞检查。为了督促她交作业,我每天用短信告知家长当天的作业内容,有时还特意请家长来校商量如何共同督促孩子的问题。即使这样努力,仍然只有短暂效果。有一次,她竟然偷了同桌的作业本来冒充,当时我很生气,通知了她的家长,我们一起狠狠地批评了她一

顿。后来我反思，或许是我逼得太急了，才迫使她犯下如此"大错"。鉴于此，我试图通过非常班会，来分析和解决小金拖、赖、骗作业的问题。

由于是第一次组织非常班会，一节课下来，并未结束"按时完成作业"的话题，所以相约一个星期后，再继续开班会讨论同一个话题。

第一次"非常班会"情境再现

非常班会要求大家围坐成一个圆圈，于是我利用下课时间，要求同学们用最快、最安静的方法，将自己使用的单人桌搬到墙边。这时同学们异常兴奋，有的拖桌子，有的用力搬起桌子走向墙边，也有的慢慢在挪桌子……只有一对坐在前排的小个同桌，他们抬起桌子，合作将双方的桌子快速而又安静地抬到了墙边。我对他们这种合作抬桌子方式，进行了充分肯定（但未要求其他同学也使用这种方法）。

上课伊始，我简单地介绍了非常班会的活动过程，第一个环节是致谢，第二个环节是讨论问题（分析和解决问题）。接着，我拿出"话筒"，请一位同学先来说最要感谢的人是谁？为什么感谢他？我没想到举手要先说感谢的同学有七八个之多，比上语文课情况要好许多呢！我随机选了一个举手的同学先说，然后依逆时针顺序轮流说。除4位同学因害羞没发言、直接将发言棒传给后面同学外，其他同学都说了他要感谢的人和事。绝大多数同学都说要感谢自己的父母、老师、爷爷奶奶等，原因大多是感谢他们养育了我、教育了我等等。

感谢一环结束后，我抛出了班会的议题：请你说说我们班谁经常不能按时完成作业。我本以为多数同学会指向小金,可结果共有24位同学说是小魏,只有6位同学认为是小金。基于这样的现状我只能调整初衷。临时将下一个环节设置为:说说这两位同学为什么不能按时完成作业?

说两位同学不按时完成作业原因的时候,同学们显得尤其积极,甚至出现了抢"话筒"的场面。

对小魏不交作业原因分析:

有的说小魏的父母是开小店的,没时间管他;有的说,小魏父亲爱打麻将,不管他的;有的说,小魏很喜欢玩电脑游戏,他玩的游戏叫"穿越火线";还有的说,他有一帮捣蛋小伙伴,经常在一起玩电脑,一起去欺负人……

对小金不交作业原因分析:

小张说,小金是因为太懒了,每天放学不及时回家,都在小喻同学家玩;小喻为小金抱不平:"小金的父亲对她母亲和她都不好,时常要打她们母女,尤其是喝醉酒的时候,小金是害怕回家。"

(听了小喻的话,我脑中出现了以前的一些记忆:确实每次我通知小金家长的时候,都是她妈妈来学校,我从未见过他父亲。有一次电话联系过他,当时他说他知道了,他会将情况告诉小金母亲等等。此刻我好懊悔,我不该这么简单地处理小金的作业问题。)

分析完原因后,就让大家帮这两位同学出主意,怎样改掉不按时完成作业的坏毛病。才说了两三个同学,放学的铃声响了,便仓促地结束了第一节非常班会课,有些半途而废的感觉,也有些

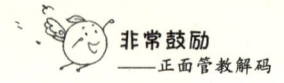

不甘心。

第二次"非常班会"情境再现

致谢之后,我就直接安排了解决问题一环。让大家直接向小金、小魏提建议。这时同学们个个热情高涨,只是所提的方案大多是惩罚性的。初期这是正常的,我相信只要老师加以引导,孩子们的思路就会趋向于积极方面。

第一圈时给小魏的建议:

将小魏的电脑砸了、藏了,网线拔了;不给小魏吃饭;打小魏手心;放学后把小魏留下来,直到作业完成等。

第一圈时给小金的建议:

将小金的学习、作业情况告知她的父母,让她父母修理她;不做好作业,下课不能去玩;在学校做完作业再回家等。

有一个同学的主意有一定的建设性:"可以给小魏规定玩电脑的时间,要作业做一小时,电脑玩一小时。"还有一个说:"我可以请小金来我家做作业,我们一起做作业,反正她回家要路过我家的。"

说完第一圈,我把"话筒"递给了小魏和小金,让他们自己说说,你觉得同学们的哪些建议对你有帮助,你也愿意用他们出的主意来弥补自己的不足。小魏和小金分别选了规定时间玩电脑和去同学家做作业。

接着我又引导,帮别人出主意,要站在对方的立场去考虑,还要多想想我自己能帮对方做些什么,这才是帮助,这才是同学间的友谊。第二圈发言的时候,课堂"温度"略有下降,但是主意更实际了。

第二圈时给小魏的建议：

"做一小时作业或者看书就可以玩一小时电脑，如果你多看了半小时书，就可以多玩半小时电脑。""我可以去小魏家监督他做作业和玩电脑。""作业可以到同学家完成，完成作业了就可以回家畅玩电脑。""要给小魏设计一张读书表，按照小魏的实际情况提高他的学习能力。"

第二圈时给小金的建议：

"当小金每按时完成作业一次，就让小金的妈妈奖励她一朵小红花，连续得5朵红花就可以获得她喜爱的物品奖励。""可以让小金去读校外补习班，那里的老师会督促她按时完成作业。""我要多邀请小金来家里玩，做作业，过生日。"

听到同学们这么多诚恳的建议，小魏和小金深深地感受到了大家的关爱和友谊，在大家发言结束后，小魏、小金真诚地表了态。小魏觉得分时间段学习和玩电脑他最能接受，并承诺回家后就做一小时作业，玩一小时电脑。小金觉得参加补习班、奖励小红花方案还要和妈妈商量，现在暂时到同学家去做作业。

最后，我代表小金和小魏感谢大家的帮助，宣布班会结束。人还没离开教室，就有好几个同学围上来问："凌老师，下次班会课你还来上吗？"面对意犹未尽的同学，我没有言语，只是笑笑……

两次班会的收获与忧虑

上完两次班会课后，我每天都特别留意这两位同学的作业和学习情况，结果有明显好转，小魏每天能按时完成作业，小金只有一次双休日作业未及时上交。非常班会除了能使两位当事人获益外，还有其他教育效应，如可以增进师生之间感情和同学之间的

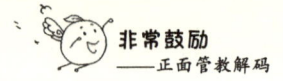

友情,能够引领一种团结互助的班风等等。

在为非常班会初见成效而欣喜的同时,我有几分忧虑。比如长期使用这样的班会模式会不会给学生造成心理疲劳,并因而失去原有的参与热情。又比如非常班会的几个环节会不会流于形式。如此等等,都有待于在实践中探索。

(浙江省嵊州市经济开发区三塘中心小学　凌天海)

追梦直击

看到凌老师的担忧,很想与他交流。长期使用这样的班会模式,会不会给学生造成心理疲劳?非常班会的几个环节(致谢和讨论)会不会流于形式?从嵊州市鹿山小学叶华老师的经验看,只要学生适应了班会程序,班级形成了互相尊重的氛围,"致谢"时,大家都会很真诚。讨论环节时,由于每一次议题都不一样,学生不会有厌倦之感。假如有一天真的出现这些问题,也不可怕,只要想对策克服就是。其实在非常班会的探索过程中,一定还会遇到其他问题,我们只要有一种探索精神,办法总比困难多。

现在来考察一下凌老师非常班会中的"致谢"环节。"绝大多数同学都说要感谢自己的父母、老师、爷爷奶奶",显然"致谢"对象发生了偏差,按班会的原来意图,致谢对象应该是在现场的学生,而不是缺席的家长。致谢的当下目的是为了营造温馨的现场气氛,这样第二个环节讨论更有可能在友好、相互尊重的氛围中进行。为了达到"致谢"的预期目的,老师应事先明确告诉孩子致谢的对象是谁,并以示范的方式教会他们怎样对同学表达感谢。

上面的班会还有两个操作细节需要注意。第一,当学生们还没有学会相互尊重时,应该让有问题行为的当事人回避,这样做是为了保证孩子不受伤害。这次小金和小魏都在现场,却没有产生负面作用,是很幸运的,但我们以后不能冒伤害学生的风险。只有让学生经过相互尊重的训练后,在能保证当事人不受批判的情况下,才可以让孩子们"面对面"。第二,班会上同学的发言顺序不能太随意,规范的做法是:"从那个把问题写到议程上的学生开始传递,终点是排在这名学生前的最后一个人。"

/情境故事2
让学生学会对值日负责

每天总有一两个学生忘了值日或不及时打扫,所以老师只得每天大声提醒:"值日生该扫地了!"总觉得值日工作是老师的事情,并不是学生的事情。学生对值日的责任意识一点都没有。于是我就指定了一个责任感较强的学生担任卫生监督员,由他每天提醒孩子值日,并登记下优秀的值日生和经常拖沓的学生,学期结束时对优秀值日生进行表彰。这措施实施后,情况有了一定的好转,可没过多久,大家都失去了新鲜感,又恢复了老样子。

为了彻底地解决这一老大难问题,培养学生值日的责任意识,我按照"正面管教"中班会的程序,召开了一次"非常班会",让

学生以主人翁的态度积极主动地来解决问题,同时也培养他们的责任意识。

首先,让同学们围坐成一个大圈,并通过传递发言棒来发言。第一个环节是致谢。大家轻松地向同学表示了感谢。发言棒传到了我的手上,我对着卫生监督员小董说:"我要感谢小董,因为你为了班级的值日工作付出了很多,每天很早到校并督促值日生工作,使班级时时处处都干净整洁。谢谢你!"并鞠了一躬。顿时,教室里响起了一阵热烈的掌声,都说"谢谢你!"整个教室里充满了温馨。

接着,进行第二个环节"班会议程"。针对"如何让我们积极主动地来完成值日工作"进行思维大风暴,想出巧妙的好主意。一个学生当记录员,把同学们说的所有办法一字一句地记录下来。

师:如何让我们积极主动地来完成值日工作?

生:我不喜欢现在的职责,能否让我们自己来选择哪天干什么工作。

生:最好能有一个标志性的提示,不用老师和同学提醒,一目了然地知道今天自己要值日了。比如佩一朵小红花或戴值日证。

生:把昨天不认真值日的同学的名字写在黑板上,让他自己反思。还有经常不值日的同学,罚扫到自觉为止。(老师不表态)

生:让好朋友自己组合成一组,那样我们马上会互相督促,心情也很好。(很多同学都说好)

生:一学期里可反复轮换自己的岗位,有一种新鲜感。

生:男同学可干一些拖地等重一点的活,女同学可干一些擦拭的活,这样会更干净更快捷。

生:让值日很负责的同学少做一点,并当组长,督促本组值日。(几个男同学可开心了,老师不表态)

生:乱丢纸屑的同学当天就罚值日一天。

生:每人必须对自己负责,不许随便丢纸屑,并能及时整理抽屉和书包。

生:大家对他提醒三次,不改正者列入黑名单。

生:我觉得对待不认真值日的同学还是提醒他并给他一个弥补的机会,必须为班级卫生做三次好事。

生:贴一张卫生光荣榜,表扬卫生优秀的同学。

……

同学们热情十分高涨,提出了数十条可行或不可行的意见、建议。讨论结束后让学生表决,根据表决结果留下了8条比较可行的建议。最后同学们自己商定,下星期一正式开始实施。从这次表决的情况看,那些自主、灵活、人性化的措施引起大部分同学的关注和喜爱,只有少部分同学喜欢表扬和惩罚的措施。

——班级管理:

★重新制作值日表,让同学们自己申请哪天值日干什么工作。(40票)

★为了提醒自己值日,请小王的妈妈为班级缝制红袖章,作为值日生的标志。(45票)

★我觉得对待不认真值日的同学还是提醒他并给他一个弥补的机会,必须为班级卫生做三次好事。(41票)

★让我们好朋友自己组合成一组,那样我们会互相督促,心情也很好。(48票)

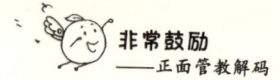

——自我管理:

★ 认真丢垃圾,看到纸屑及时捡。(21票)

★ 整理好自己的学习用品,发现垃圾及时清理。(26票)

★ 当天值日生多提醒身边的同学注意卫生。(40票)

★ 多为班级卫生做好事。(22票)

经过了一系列的整改之后,值日同学都佩戴了红袖章,而且责任意识特别强,值日工作非常到位。有位女同学还在日记中写道:"明天穿什么衣服好呢?因为红袖章最好和黑、黄颜色搭配,所以我明天改穿黄色棉袄吧!"可见,"红袖章"意识已渗透进了孩子们的心田。

(浙江省嵊州市鹿山小学 叶华)

追梦直击

上面案例中的议题是由老师提出的。简·尼尔森倡导把选择班会议题的权力交给孩子,但也不否定老师提出议题。有时为了解决班级管理中的一些难题,老师提出议题也是可以理解的。但班会议题不能总是由老师来掌控,而要把更多的选题机会交给孩子,只有这样才能充分地体现对学生的尊重,并最大限度地调动学生参与班级管理的主动性和积极性。

认真考察同学的发言记录,不难发现,学生意见、建议中有负面或不可行的,对这些老师始终"不表态",这种非评判态度对于维护学生参与讨论的积极性是十分重要的。只有当学生们感到自己可以不受评判地发表意见的时候,他们才能真正开放自我,全身心地投入到"班会"中来。不过有一点需

第五课 用非常班会调动孩子的"参政"热情

> 要提醒,如果学生提出的建议大多是惩罚性的,而且可能伤害人的,老师要在适当的时候加以引导。

/情境故事3

一场别开生面的班会

一个周五的下午,阳光懒懒地斜在窗外。初一(2)班召开了一场别开生面的班会。班会只有两个环节:致谢环节和讨论环节。这次班会由周老师主持,由一名同学担任记录。

致谢环节。当发言棒传到自己手里时,可以致谢,也可以直接将发言棒传给下一位。表达感谢的同学要站起来,转身面对要感谢的人,大声说出心中对他(她)的感谢,感谢要具体,声音要洪亮。被感谢的人也要站起来,面向发言同学,朗声回答:"谢谢你。"

接下来是班级事务讨论环节。周老师从班级意见箱中抽出三条意见,自然是先讨论第一条。

第一条意见是:班级装饰应由班级美化小组来决定还是由全班同学共同决定?初听到这个议题我心底还有稍许失望,这种无关痛痒的问题值得讨论吗?学生又能说出多少有价值的意见?

刚开始,大家有些拘束,讨论的思路没有打开。过了一会儿,发言棒传到了小贤手里,向来最喜欢批判时弊的他站了起来,并开始发表自己的高见:"班级美化应该由全体同学共同决定,而且,为美化班级出力的同学应该给予奖励,就像公司一样,员工干活,老板不给钱,那员工会乐意吗?"他站在那里,振振有词。全班

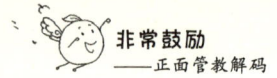

同学都呆住了,班级安静了几秒钟。接着是小梁发言,他不同意小贤的观点,说出了自己的理由,但显得不大自信。即便如此,也点燃了同学们思考的热情。小斌随后站起来,大声说:"在公司,员工工作了,老板确实应该发工钱,不然员工当然不愿意。可是我们2班却不是这样,2班是我们的班级,我们生活的地方,为班级美化出力是我们每个同学应该做的,班级和我们,并不是什么公司和老板的关系。"他的意见很有说服力,赢得了全班同学热烈的掌声。真正引起我兴趣的是下一个发言的同学,小源。他站起来朗声说道:"买奖品的钱是我们的班费,那班费是哪里来的?还不是我们的爸爸妈妈的钱吗?我们向班级要了奖品,和伸手向自己爸爸妈妈要钱有什么不同呢?"……

最终全班同学一致决定:班级美化工作由美化小组在听取班级同学意见后决定,2班是一个家,每个学生都是这个家里的一分子,为家出力,义不容辞。

(广东省中山市第一中学　张秉玉)

追梦直击

从班会操作框架来看,"致谢"和"讨论班级议题"两大环节都落实了。从班会效果来看,较好地调动了同学的"参政热情",而且解决了实际问题。但感觉到班会有辩论和反驳的味道,这如果把握不好,会导致争论,从而影响互相尊重氛围的形成。所以非常班会要坚持非评判原则,即有同学发言时,老师、同学都不要评判,尤其是批判,这既是相互尊重的体现,也是维护学生参与积极性的需要。这一例中,之所以形成辩论态势,还与选题有关。"班级装饰应由班级美化小组来决定还是由全班同学共同决定?"初看,这是一个非此即彼,二元对立的问题(最后学生的意见却是第三种选择)。在选题封闭程度如此之高的情况下,每个同学都要发言,辩论和反驳是难以避免的。只有给出开放程度较高的问题,学生才能既各抒己见,又不评判他人。所以要让学生自己选题,也得花时间训练,让他们学会提出开放性的班级议题。

/情境故事4
用"致谢"打开孩子的情感大门

如今有许多学生表现自私、任性,不会表达爱,也感受不到别人的爱,感情比较淡漠。当不被人理解时还会出现自暴自弃、攻击、报复、自卑等问题行为,导致人际关系紧张,并因此影响学业和生活。如何改变这种状况?我想到了《正面管教》中介绍的一个工具——"致谢"。"致谢"原来是正面管教班会中的一个环节,而且是第一个环节。记得《正面管教》一书有关班会的章节中有这样一句话:很多老师都说,仅仅向同学致谢这一项,就已经在班里形成了一种更积极的气氛。受此启发,我决定单独试试"致谢"这一做法,这可以看作是"半个班会"吧!

所谓致谢也即感谢,感激。致谢的对象为同学和老师;致谢的主体为学生和我;致谢的内容为:某人所做的好事、某人对他人的帮助、任何让他人感觉好的事情。表达致谢的语言模式是:"我要

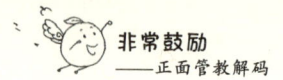

感谢……(被感谢者的名字)……(做的某件事)。"如"我要感谢小王帮我讲解数学难题"。这样有助于学生们关注别人做了什么,而不是别人的衣着或外表。

关于"致谢",我在班里主要做了三方面的尝试:

首先,组织同学之间的致谢

在第一次组织"致谢"时,我先教会孩子表达感谢,同时还告诉孩子们接受致谢时,得回应一句"谢谢你"。当大家学会"致谢"的程式后,我们就把致谢作为每天的必修课。

早自修结束后的五分钟是我班的"致谢"时间。我们每天轮流三个人,最终的目标是确保全班同学一个都不漏。坚持了一段时间后,班里形成了一种积极的气氛,学生开始喜欢上了"致谢"。

小应感言:

我觉得用上十足的真情去感谢一个人,会让他人很快乐,同时我自己也会感到很快乐。因为我会通过具体的事例来感谢,并且还会用心地寻找他身上的优点。凭着闪光点向人致谢时,总可以看到对方的笑容,他们很快乐。而我呢,用真诚的话语表达自己的心声,这样使自己变得宽容大度。

小单感言:

当我在班上被人致谢的时候,内心很激动很欣喜。我发现自己也在被人尊重、认同,自己对别人来说还是有用的。

小蔡感言:

我抬着头,仔细地聆听着,那一声声感谢我的话语,它就像蜜一样让我美滋滋的,以后我会做得更好。

我班实施"致谢"的时间还不到一个月,但已经促使更多的人来关注正向的、积极的一面,被关注的人也做得比原来更好,因为大部分的人都渴望得到他人的肯定、赞扬,所以这一举措在很大程度上改善了以往的相互指责、相互谩骂、相互争执等不良现象,学生之间相处变得较为融洽,使我不再为鸡毛蒜皮的事而耗费心力。

其次,开展师生之间的致谢

原先我总认为学生感谢老师是理所当然的事情,现在看来这是很不公平的偏见,老师也应该经常感谢学生的参与、学生的帮忙、学生带给我们的感动等。特别是班主任工作很多时候是在学生的参与下完成的,教师可以先给学生做致谢的示范,来拉近师生间的距离。通常每天我都找两人致谢,感谢对我有任何一点帮助的人和事。如发现上课用的黑板被擦得很干净,我就说:"我要向今天的值日生小嘉致谢,谢谢她帮我将黑板擦得如此干净,让我书写时的心情变得更加愉快,让我的字因此变得更漂亮,我要向你学习做事的这份细心、责任心……"

有了老师的带动,学生也能积极地向各位任课老师致谢,感谢这一天某位老师对他的帮助,并且他会做得更好。虽然刚开始表达的时候,大家都有些别扭,但是到后来就成为了一种习惯。原先不敢和老师说的话也能说了,原先老师很反感的学生也变得懂事起来了,师生间开始多了一些理解,多了一些尊重,多了一些平等,多了一些默契。

第三,倡导亲子之间的致谢

为了消除学生和家长间的误解、冲突、冷战……我建议班里学生把"致谢"带到家里。对亲子关系紧张的学生,我做了更为细

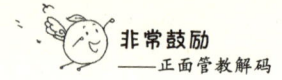

致的工作。如告诉学生，可以用写信的形式主动向父母致谢，感谢他们对自己某一方面的特别关心，然后让家长也以书信的方式向自己的子女致谢。有了这些铺垫后，就进一步引导家长先给孩子们口头致谢，让孩子们感受到父母对他们的关注，感受到他们对家里的"贡献"，而不是简单地理解为孩子长大后只有任性、叛逆、不听话。这样孩子就不会一天到晚想着要逃离父母的管教，更不会用自暴自弃的方式来报复家长。用我们班上小楼的妈妈的话来说，"我们经常感谢他，孩子越来越听话，越来越喜欢帮我们做事情。"

　　实践证明，在班级中倡导致谢之风，可以让被致谢者的归属感和价值感得到提升，进而表现出更多的闪光点。致谢者会因为常常关注他人的优点，而改变斤斤计较、偏激自私等个性弱点，同时发展出感恩、宽容、友善、谦让等积极品质。

（浙江省嵊州市贵门乡中心学校　安丽燕）

追梦直击

> 　　"致谢"原来是正面管教班会中的一个重要环节，而且致谢主要在同学之间进行。安老师却创造性地将"致谢"拓展为三方面：生生之间、师生之间、亲子之间，其效果不言而喻。首先为安老师的创新精神喝彩！任何一家理论，照搬照套都会走进死胡同，只有创造性地应用，前面的路才会越走越宽。著名画家齐白石先生有一句名言："学我者生，似我者死！"有心于践行致谢及正面管教理论的每一位老师，头脑中都需要有"创新"意识。

第五课 用**非常**班会调动孩子的"参政"热情

> 安丽燕老师的经验在班主任中推介后,许多学员都去尝试"老师感谢学生"这一招,效果令人满意。如有位中学班主任反馈:"我前几天在全班面前感谢了12位同学,感谢他们为班级运动会出谋划策,感觉效果不一般,班级凝聚力增强了,好像我班主任的威望也提高了。"从众多学员的反馈情况看,老师向学生"致谢"这一做法易学易用而且容易见效。不过,老师对学生的致谢,实质上与表扬很接近,学生经常被"致谢"是否会形成"致谢依赖症",这还有待于实践的检验。

/延伸阅读
弗兰克用班会改变了班级面貌

弗兰克是萨克拉门托学区的一所小学的老师,这所学校的校园暴力很严重,以至于校工不得不定期清理血迹。弗兰克说,每个星期天下午一点他都会胃痛,因为他害怕星期一早上回到教室。当弗兰克决定尝试开班会时,他感到更多的是孤注一掷,而不是满怀希望。他很怀疑自己那些捣乱的学生能够学会合作和解决问题的技能,但他很高兴事实证明自己错了。

弗兰克让我们知道了建立班会的秩序和规则,以便使学生们能够自由地以尊重的方式参与,有多么重要。他很擅长和善与坚定并行,一开始弗兰克是指定学生们围成圆圈式的座位,以便将那些挨着坐会出问题的孩子隔开。然后他花时间教给他们开班会的技能。

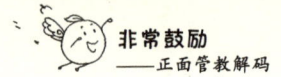

在弗兰克召开班会这一年,他的校长意识到,尽管这一年全校有61起因打架而停课的事件,但没有一个学生是弗兰克班里的。她还注意到,弗兰克班里学生的出勤率提高了,学生成绩也正在提高。她在参加弗兰克班级的一次班会时,认识到了班会是多么好的一个预防工具。她让弗兰克向全校老师演示了如何开班会。

在接下来的一年,1-6年级的每位老师,每周都至少召开4次班会。安·普莱特在她的硕士论文中写道:该年,这所学校因打架而停课的事件由上年的61起减少到4起;毁坏公物的事件由上年的24起减少到4起。

(摘自简·尼尔森、琳·洛特等著《教室里的正面管教》)

第六课 用后果体验强化孩子的规则意识

☆微型讲坛　莫把后果体验变为惩罚

☆情境故事1　迟到难题化解于谈笑之间

☆情境故事2　再也没人"告御状"了

☆情境故事3　让学生品尝冲动行为的后果

☆情境故事4　孩子再也不乱倒豆浆了

☆延伸阅读　老和尚与小沙弥的故事

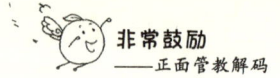

/ 微型讲坛

莫把后果体验变为惩罚

《正面管教》一书中的一个案例令我难忘。

一年级学生比力经常忘记带午饭去上学。妈妈不得不挤时间开车去学校送饭。后来妈妈决定试一试"自然后果",她想也许比力在饿了一两次之后会记住自己拿饭盒。她先告诉比力,妈妈相信他有能力自己承担拿饭盒的责任;同时她和比力说好,以后他忘记带饭盒时不再特意送饭到学校了。

比力妈妈初期计划被老师打扰了。比力没有带午餐时,会自己找老师借钱去学校食堂买。比力妈妈后来和老师达成协议,让比力自己为午餐负责任。

这样一来,比力尝到了饿肚子的滋味。当他又一次忘记带饭盒去找老师借钱时,老师告诉他:"很抱歉!咱们说好了的,你必须对自己的午饭负责。"比力又打电话请求妈妈送饭,妈妈也同样坚定但和善地提醒他,带午饭是他自己的责任。比力因此很不开心,尽管后来他的一个朋友分给他半块面包。

从那以后,比力很少忘记带午饭。偶尔忘记了,他会请求朋友

第六课 用后果体验强化孩子的规则意识

分一点给自己。上二年级时,比力的责任不再限于自己带饭盒,而且还包括安排他自己的午饭内容。

从上面实例中可以看到孩子就是在"后果体验"过程中,学习良好行为(每天上学带午饭),并发展出自主、自律和负责等积极品质的。

研究后果的学者很多,皮亚杰等人把后果分为自然后果与逻辑后果。自然后果是指没有成人介入,由儿童行为自然产生的后果。站在雨中,会被淋湿;不吃饭,会肚子饿;忘记拿外套,会感冒。逻辑后果又叫相关后果,指由成人施加的、与儿童行为相关联的后果。比如你打破玻璃窗就得赔偿。这里行为与后果之间是有逻辑联系的。如果让打破玻璃窗的孩子写检查或到操场上跑若干圈,就不是逻辑后果,而是惩罚,因为行为与结果之间是没有内在联系的。

简·尼尔森原先提倡使用逻辑后果,后来她主张尽量少用逻辑后果(多用自然后果),用她自己的话说,"逻辑后果几乎是我的工具箱中最少用到的工具"。因为不少家长和老师提供的使用逻辑后果的实例更像是惩罚。我个人主张,在教育中使用逻辑后果还是很有必要的。理由有三:第一,现实情境中,孩子体验自然后果的机会不多;第二,与"伪逻辑后果"截然不同的"真逻辑后果",对于改变孩子的不良行为,形成规则意识有着其他工具无法替代的作用;第三,只要用心,逻辑后果不会变成惩罚。

为了避免误用逻辑后果的现象,实施"后果体验"时要坚持以下几条原则。

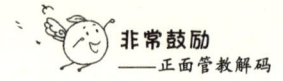

原则1：相关

前面论及逻辑后果的概念时，曾经指出，对儿童施加逻辑后果时，行为与后果之间必须是有因果联系的。不然就是惩罚。所以"相关"应该是施加逻辑后果的首要原则。

当干预措施与儿童的行为毫无关系时（比如让乱扔口香糖残渣的学生课间不得休息，让打人的学生在操场上跑若干圈），他们的关注点就会集中在如何逃避处罚上，而不会去关注自己行为的真正后果。当干预措施与儿童的行为之间存在一定的逻辑联系时，比如让乱扔口香糖残渣的学生刮去地板上的口香糖，让打人的学生去照顾被自己打伤的同伴，他们就能更好地理解规则的意义，而且还容易心服，不会导致反感，因为这样的做法比较合情合理。

根据相关原则，设计后果时就要考虑怎样的"后果"才能体现相关性。请看一例：小A同学作业速度超慢，班里别的同学三点半做完作业，他得拖到四点半。对此，小A家长设计出了一个相关后果——四点时，家长在校门口接不到小A，就不等了，小A必须自己背着分量不轻的书包，走很远的路回家。这里作业速度慢与自己走回家之间是有一定联系的。事实也证明这是一个很好的逻辑后果。据说由于路远，小A有时会走上一个多小时，到家时天已经完全黑了。有一次，路上书包带断了，并因而吃尽了苦头。经过一段时间的"后果体验"，小A终于改变了作业速度慢的习惯。

根据相关原则，实施"后果体验"法时，应该注意引导儿童思考、体会为什么某些行为是不能被接受或可以被接受的。比如乱丢口香糖残渣的孩子刮去地板上的口香糖后，老师可以询问他："为什么不能乱丢口香糖残渣？能否说说你的感受？"但要避免喋喋不休的说教，因为说教最容易破坏孩子的学习效果。

原则2：尊重

这就是说教师陈述施加后果的情况时不能有愤怒、责备介入，不然，后果就会变成惩罚。如果平静而坚定地对孩子说："你打游戏的时间超过一小时,那么明天一天都不能玩电脑了。"这样是让儿童体验逻辑后果，如果气势汹汹地对他表达上面的意思,就不是施加后果而是实施惩罚。当小丽在课桌上涂写时,我们很容易断定逻辑后果是让她清洁这张课桌。如果老师斥责："小丽,你怎么能做这么愚蠢的事！现在去把桌子清洁干净！否则,我会告诉你父母,你多么令我失望！"这时"尊重"缺失了，"羞辱"加了进来。"清洁课桌"就不再是"逻辑后果"了。

为了表达对孩子的尊重,实施逻辑后果时还得预先告知。比力的妈妈就是这样做的,"她先告诉比力,妈妈相信他有能力自己承担拿饭盒的责任；同时她和比力说好,以后他忘记带饭盒时不再特意送饭到学校了。"

原则3：合理

一般来说,过度的、无关的、孩子不能接受的后果都是不合理的。"打游戏一次超时,第二天不能玩电脑了",这样的后果,孩子一般会接受,因为比较合乎情理。如果说一次超时，一个月不能玩电脑,那样的后果很难让孩子接受,可能会引发他的愤怒。又比如孩子在课桌上涂写,就让她清洁这一张课桌,这是合理的。假如老师不但要求她清洁被涂写了的课桌,而且要求她清洁全教室所有

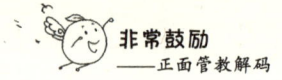

的课桌,好让她吸取一次足够深刻的教训。这样就不合理了。孩子从"不合理后果"学到的往往不是教训,而可能是逆反,可能是怨恨和报复。所以设计逻辑后果时,不仅要考虑相关性,而且得注意适度和可接受性。

为使"逻辑后果"更具有合理性,必要时可引导儿童参与相关后果的设计。这样儿童更容易理解行为与后果之间的关系以及其规则的意义。

相关、尊重、合理,这三者缺一不可,不然"逻辑后果"很可能变质为"惩罚",或者说儿童会把它当作惩罚。简·尼尔森曾经说过,有的逻辑后果是伪装了的"惩罚"。在此我也想提醒一点,千万不要有意地将"惩罚"伪装成逻辑后果!这样正面管教必然会成为负面管教。

原则4:坚定

要保证"后果体验"的有效性,在尊重和善的同时,还要注意"坚定",不然"后果体验"会失败。具体地说,坚定得体现在以下两个方面:

1.陈述施加后果的事实时语气要坚定,切忌犹豫不决。2.施加后果时态度要坚决,不能半途而废。前者不难做到,后者却是一个挑战。该怎样面对挑战呢?还是请读一读尼尔森亲历的一个故事:

很多年来,我一直为催促孩子们穿衣吃饭而不停地唠叨。一次开了个家庭会议,让孩子们参与规则的制订,决定早餐时间为八点到八点半,任何人必须按时就餐,否则就要等到午餐时才可以吃东西。开始阶段孩子们很配合,可后来七岁的肯尼"以身试

第六课 用后果体验强化孩子的规则意识

法"。

几星期后的一个早晨,肯尼八点三十一分时才来到厨房吃早饭。我说:"对不起,肯尼,早餐时间已经结束了。我相信你一定能坚持到午餐时间。"肯尼一边争辩他饿得等不到中午,一边自己爬上橱柜拿东西吃。我咬住牙提醒自己要"和善并坚定",并把他抱下来。他大哭,来了个最高级别的撒泼。这场哭闹持续了45分钟,中间只有一次间断:他再次爬上橱柜,我再次抱他下来。45分钟后,他自己离开了。我当时不太确定这一次实施逻辑后果的效果会怎样;我同时心里想着以前的做法多么简单容易,给他一个处罚就不再哭闹了,哪需要像这次一样折腾45分钟。

随后的几个星期,每个孩子都能按时就餐。某天,肯尼再次冲撞规则。当他又在八点三十一分进入厨房时,我一边重复着和上次一样的话,一边心里犯怵:我能否有足够的耐心,像上次那样坚持45分钟的和善。

意外地,我一抱他下来,他就自己低低地嘟囔一句,"反正我也不想吃早餐",就出去了。那是我最后一次面对早上孩子们穿衣吃饭的难题。奇效!

尼尔森曾经与孩子"较量"了45分钟,最后用自己的坚定战胜了孩子的不良行为。

许多成人可能坚持不了这"45分钟",他们很可能会放弃"后果",而选择惩罚,因为惩罚可能会比"后果"快捷得多。正因为如此,孩子总是难以形成规范行为。这位母亲的经验给大家一个深刻的启示:如果要对孩子实施有效的行为规范训练,就应该咬起牙,坚定不移地将"后果体验"进行到底。

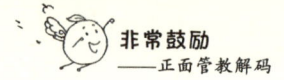

/ 情境故事1
迟到难题化解于谈笑之间

今天下午第二节课,铃声响后我走进了幼师班的教室。一眼看去,空荡荡的,本来人数不多的教室,少了十多个人,特别惹眼。过了一会儿,有六七个同学陆陆续续跑进来了,还有的已经因为各种原因请假回家了。看着眼前的情景,我心头有几分不悦。该怎么改变这种状况呢?我很快便有了对策:先让每个迟到者在我的备课本上写下了自己的名字,然后让她们回到座位上,同时淡淡地抛出一句:"在我的本子上写下名字的同学下课后留十分钟。"迟到的同学自然是一番唏嘘,但看着我一副不容置疑的样子,也不敢多说了。

星期五下午第二节课是回家前的最后一节课,这节课迟到或请假在一般老师看来已见怪不怪了。但每次有十多个人缺席,这课还怎么上,况且这样的情形已经不是第一次了!我知道,今天自己使的是一个撒手锏,星期五下午大家都归心似箭,这次迟到就因为想早一点回家,到寝室做回家准备去了。

等大家情绪平稳后,我就开始上教育学课。

两点十五分,下课铃响了,同学们都飞也似地奔出教室。七位迟到的同学跟我来到了教室旁边的僻静处,我笑着对大家说:"我知道大家迟到不是因为别的,是因为归心似箭。但总这样迟到不行啊!得让你们自己承担责任。你们说是吗?"

大家点点头。

第六课　用后果体验强化孩子的规则意识

转眼之间,校园里人影稀少了,被留下的同学已经露出几分焦灼,我带着温和的眼神扫了一圈,然后轻快地说:"大家先作自我介绍怎么样?只几个星期,老师还不知道你们来自什么地方呢!"

七位同学朗声说:"好!"

于是我们就聊开了,先挨个地自我介绍,接下去又是没话找话地闲聊。一会儿说同学的头发,一会儿又说别的什么。

一位老师过来了,好奇地问:"你们在干吗?她们在挨批评吗?"

"不,我们在快乐地聊天呢!"

五分钟过去了,其实同学们根本没有心思聊天,我就对她们说:"焦急而耐心地等待吧!迟到了是要付出代价的,如果第二次迟到那就留二十分钟或半个小时。"

聊天快要结束了,我就让她们说说下次不迟到的办法。大家说,可以在午饭后做回家准备,并保证不会迟到。

两点二十五分,刚好十分钟,我遵守承诺,让她们回家了。

七位女生兴高采烈地走了,一个个嘴里甜甜地喊着:"蒋老师,Bye bye!"

这次"留"的效果怎么样,我非常期盼实践的检验。可很不凑巧,接下来的星期五学校因故放假了,又一个星期五学校开运动会。当时我很担心,这么长时间过去了,那次"留"的效果还不踪影全无吗?可我担心的事情并没有发生。隔了两个星期后,我仍然收获了可喜的成果。那个星期五下午没有人迟到,以后再也没有发生类似的情况。

(浙江嵊州　蒋玉燕)

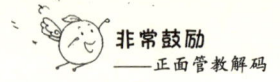

追梦直击

常用的"留"是一种消极的处罚,是老师无奈的选择,多次不完成作业,批评无用,那只好留下补课。书背不出,得留下直至背出。违反自修纪律或做出其他违规事,就留下接受批评教育。这种"留"是一种最简单的处理方法,它并不需要教育智慧,任何一个老师都可以做到。学生对这种"留"往往有着很大的抵触情绪,老师的心里也很不痛快,其教育效果也不言而喻。

我这一次的"留"蕴含着一定的教育理念。法国教育家卢梭主张对犯了错误的孩子实行"自然后果"的惩罚。学生打破了玻璃,不批评指责,也不马上安装玻璃,而是让孩子受吹冷风的惩罚,让他自己承担后果,并从中吸取教训,改正行为。学生上课迟到了,我也不批评指责,只是让他们接受"留十分钟"的逻辑后果。事后我反思,如果对迟到的同学进行说理批评,有可能激起她们自我保护的本能——辩护,不利于自我反省。而让大家承担"留十分钟"的后果,则更有可能促使其自我觉悟,并因此改变行为。

那次学生喜笑颜开地与我说"再见"的情景至今我还记忆犹新。我感觉,通过那次"留学"事件,我与学生的关系更亲密了。既要使学生接受教训,改变行为,又要使师生双方都心情愉快,这是我一直以来追求的理想境界。

/ 情境故事 2
再也没人"告御状"了

一天中午,我从食堂吃完饭回到办公室,看到四(B)班的班主任老师还在办公室里生着闷气,旁边站着同学小A。一看这位同学,原来是办公室的常客,以上课捣蛋出名,只要不是班主任老师的课就不老实,特别是英语、音乐等他不喜欢的课,不是去摸摸前面同学的头发,就是与后面的同学讲话,总有不少新花样,弄得老师得经常停下课来批评他。开始时,任课老师给他讲讲道理,批评几句,他也挺会认错,但就是不改。最后任课老师就把他告到班主任那里,班主任老师也是十八般武艺全使过,一次次地给他讲道理,让他写过犯错说明书,也和他家长联系过,一起给他上"道理课",可他总是虚心接受,屡教屡犯。

看今天这架势,大概又是老毛病发作,被其他老师告了"御状"。我便走过去,对小A说:"怎么,又犯错了?"他点了点头。我又说:"犯了什么错?"他低着头说:"上课不认真,把旁边同学的书拿来了。""知道错了吗?""知道。""知道错了,以后该怎么办呢?""上课专心听讲,积极动脑,遵守纪律,不捣乱。"看他说得一套一套的,把老师给他讲的道理都背下了。我想这样僵着也不是办法,就对他说:"今天我帮你向老师求个情,先去吃饭吧,以后可不许再犯了。"我向班主任老师看了看,她点了点头,我就让他抓紧去吃饭。孩子走后,班主任老师也就说开了:"其实这孩子挺聪明的,爱看书,会讲故事,就是好表现自己。上课不守纪律,横的竖的道

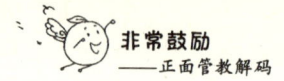

理都给他讲完了,他呢,光认错不改过,一切照旧。摊上这孩子,真是伤透了脑筋。"我说:"你也先去吃饭吧,有空时,我们一起商量商量对策。""好,那可要谢谢你了。"班主任老师叹了口气出去了。

既然反复说理无效,能否尝试一下"后果体验"教育?于是我和班主任一起设计了下面的教育思路:

1.通知小A准备在下周一的班会课给同学们讲一个故事。

2.事先安排几位同学帮助小A改正缺点。其中两位同学在小A讲故事时故意大声讲话,干扰他,使他不能顺利地讲述;一位同学对捣乱的同学提出抗议,并表明他们很想听小A同学讲故事。

3.观察小A在讲故事时的表现,倾听他事后的抱怨,给以充分的支持,并要求他写出自己的感受。

4.告知小A事情的原委(这些都是老师事先安排的),希望他在课堂上也要学会倾听,不捣乱。

按上述方案实施时,班主任观察到了这样的情形:

当小A上台开始讲故事时,显得很兴奋,讲得很流畅,也很精彩,还时不时地用手势比画着,这时我故意退到教室外面观察。正当他讲得津津有味的时候,两位男生在座位上吵了起来。开始时,他只是朝他们看看,提高了自己的音量。但两位男生争吵的声音越来越大,他很快地跑到他们身边,要他们别吵。两位同学停了下来,他又回到讲台讲起来。不一会儿,那两位男生又"开战"了,一位女生站起来表达对两位男生的不满。他显得很不耐烦的样子,在讲台上大声地呵斥那两位吵闹的男生。这时我走进教室,向两位男生使了一个眼色,教室里便恢复了平静……

活动后,班主任老师把小A请到了办公室,并进行了一番对

第六课 用后果体验强化孩子的规则意识

话：

师：你觉得今天讲得怎样？

生：还不错吧，我准备得挺充分的。

师：老师也觉得你讲得不错，不少同学听得津津有味的……

生（插嘴）：老师，××和××真可恨，我在讲的时候，他们吵架，害得同学们听也听不清，我的情绪也受到影响，还忘记了一段内容呢。老师，你得批评批评他们。

师：嗯，看来这两个同学是要好好地批评批评。老师有一个想法：你把自己的感受写下来，交给老师，行吗？

生：好！老师，我一会儿就交。

果然，小A很快地把自己的感受交给了老师，老师再次与他进行了对话。先向他说明了事情的原委，诚恳地向他表示了歉意，并告诉他老师这样做的目的，希望他能改正上课时的不良习惯。小A当即表示："今天我才真正体会到了课堂上乱说乱动真的令人讨厌，我以前做得不好，对不起老师和同学，今后一定改正。老师，我有时候控制不了自己，您就多提醒我。"

在以后的日子里，他通过自己的意志努力和老师不断的帮助改正了上课不守纪律的坏习惯，成绩也有了提高，再也没有任课老师到班主任老师那儿告"御状"了。

（浙江省嵊州市逸夫小学 马东贤）

追梦直击

这是一个通过创设情境，让学生体验逻辑后果，从而改变问题行为的实例。为什么在反复说理无效的情况下，让孩子在道德情境中体验后果却能改变其不良行为呢?这值得深思。

教育学认为,学生的品德是由知、情、意、行四要素组成的,它们是相互影响、相互促进、相互转化的。其中知(道德认识)是基础,情和意是动力,行则是关键。思想品德教育过程就是培养知、情、意、行的过程。根据这一德育规律,培养学生优良品德或矫正学生问题行为时,应该注意四个方面的相互关系,特别是应该"动之以情"。而说理教育实际上只是解决一个"知"的问题,往往不能激发和触动学生的情感,更谈不上意志因素的利用,这样学生的"知"要转变为"行"就缺少了动力。一句话,说理教育之所以很难使学生达到知行统一、改变问题行为,就是因为忽视了"情""意"这一动力系统的作用。当然说理教育在某些情况下也能起作用,如改变行为不需要意志努力时,学生个性比较顺从时。可更多情况下,我们要面对的是具有较强独立意识甚至逆反心理的学生,就不良行为来说,也往往是需要意志努力才能改变的行为。这样的背景下,运用说理教育"屡教屡败"也就不足为奇了。

那么这种情境性的"后果体验"法是如何激活"情""意"这一动力系统的作用的呢?这与情境性"后果体验"法的几大优势有关。

优势一:趣味性。情境性的体验教育一般以游戏或活动的形式进行,比枯燥的"讲道理"更能激发学生的兴趣。许多以体验为目的的夏令营,都极大地激发了青少年学生的兴趣,就可见一斑。小A就是在饶有兴趣的情况下,获得体验

第六课　用 后果体验 强化孩子的规则意识

的。

优势二：暗示性。独立意识日益增强的学生，一般不喜欢被人教育，因而宜采用淡化教育痕迹的对策。寓教育于无形、无声之中，这是最高的教育境界。情境性的后果体验过程中，老师的教育意图常常是隐蔽或半隐蔽的，从心理学的角度说，运用的是一种暗示手段。由于教育的暗示性，就有效地避免或消融了学生的抵触情绪和逆反心理。

优势三：自主性。只要是正常的学生都有独立自主的需要，而情境性体验教育中，学生不再是被动的受教育者，他成了活动的主体、教育的主体。心理需要得到满足，其积极性、主动性就会得到充分发挥。这也是说理教育所不及的。小A转变的整个过程中，老师只是导演，学生始终扮演着主角，准备故事、讲故事、与捣蛋学生沟通、写感受、谈感想、表决心等一系列教育程序都是由小A个人来完成的。这一过程中小A始终是积极、主动的。

优势四：深刻性。美国华盛顿图书馆墙上挂着这样一条标语："我听见了就忘记了，我看见了就记住了，我做过了就理解了。"这说明带有较强实践色彩的后果体验过程能使学生获得更深刻的道德认知。"上课乱动不好"的道理，小A在实际体验之前，已经听老师说了不知多少回，他已经能背出老师所说的道理了。可这认识仍然是非常肤浅的，没有深入灵魂深处。而在有心创设的道德情境中，小A才切切实实地感受和领悟到了自己行为给他人带来的危害。

优势五：情感性。上面说到一般的说理教育难以激发学

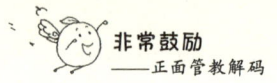

生的情感,而后果体验法恰恰最有利于激发和调动学生的情感。小A在后果体验以后由衷地表达了自己的愧疚感——我以前做得不好,对不起老师和同学。这是谈话教育中难以见到的。

/情境故事3
让学生品尝冲动行为的后果

班主任老师来诉苦,说他班的小军又闹事了,周日去邻村玩与学生小哲发生口角之争,今天就伙同几人到教室里用椅子把小哲的头打破了。

这还了得?小军是个暴躁易冲动、做事不顾后果的孩子,上个月因为怀疑别人偷了他弟弟的播放器而与人打架,幸好发现及时未造成严重后果,现在还带着学校的一个记过处分呢。

得知小军打人事件后,我们马上着手了解情况。据小哲及他的同伴反映,当时小军到他们村里玩时,不小心与小哲发生小碰撞,小军骂了两句,小哲还嘴争辩了几句,这时小军就气势汹汹地说:"走着瞧,我迟早要教训你!"听同班的同学说,小军来找小哲两次了,第一次没找到。看来,这个小军报复心极强,而且完全不把打人当回事。看情形,单靠老师说教与学校的处分不会有什么作用,但不及时帮教,今后类似的问题还会发生,还有可能酿成更为严重的后果。

到底应该怎么处理这件事呢?我想起了影片《放牛班的春天》

里的一个情节:顽劣的乐格克把马桑老师打伤了,在学校原来比较严厉的"行动—反应"处罚原则完全没起作用的情况下,马修为了让乐格克承担责任,就让他去医务室照看受伤的马桑老师,直到康复为止。在这个过程中,桀骜不驯的乐格克感受到了生命的脆弱,终于流下悔恨的泪水……

是的,或许只有他亲眼看到自己行为造成的后果,才能产生内心的震动与感悟。于是,我们通知家长到校,在商定双方各自要承担的责任之后,专门与双方家长交流了想法并提出这样的意见:让小军参与处理善后工作的整个过程。小军家长很赞同,小军也同意,小哲家长也表示支持。接下来,我们就照既定的具体方案做了:让小军扶着小哲到医院检查治疗,家长老师只是尾随。治疗费用也由家长陪着小军去交付。此外,小军还负责照看小哲,包括买盒饭等琐碎事务,家长们也只是"旁观者"。看他的狼狈样子,真是可恨又有点可怜。

事后,我私下与小军谈话,问了他几个问题:受伤学生的家长担心吗?你的家长心情又如何?这样的事麻烦不麻烦?他低着头,沉默了一会儿,小声说:"老师,我知道我错了……"

在实施后果体验的全过程(包括后果体验之前的沟通,到陪同检查、买盒饭等)中,我们都坚持了尊重原则。当然最后学校还是对他进行了适当的"纪律处分"。从那以后小军身上再也没有发生打架事件。

(广东省怀集县桥头中学 邝金山)

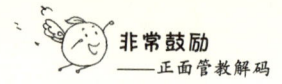

追梦直击

这又是一个让学生体验"逻辑后果"的范例。

后果体验法的一个特点是用体验活动代替长篇的说理。要使学生从体验活动中获得更多更深的感悟,体验活动后的引导很重。当小军完成了一系列的体验活动后,邝老师不失时机地抛出了几个问题:"受伤学生的家长担心吗?你的家长心情又如何?这样的事麻烦不麻烦?"这样的引导是恰到好处的。通常"后果体验"后的引导可借助于启发提问来进行。

再来考察一下,这一例后果体验的教育效果。当时对孩子的教育是双管齐下的——后果体验和"纪律处分"同时施加,事后孩子不再打架了。那到底后果体验起作用没有?从理论上说,后果体验比一般纪律处分和"道理教育"更能触及孩子的心灵,吸取教训是必然的。从实践上看,"上个月因为怀疑别人偷了他弟弟的播放器而与人打架,现在还带着学校的一个记过处分呢",结果第二个月又惹事了,可见处分对孩子的影响力并不大。由此可以推断,后果体验对孩子的教育和影响是深刻的。

后果体验与纪律处分的关系,也是值得我们思考的一个问题。从当事人角度来说,只要吸取教训,改变行为,就没有必要再追究了。可从教育其他学生角度来看,还是得遵循学校规章制度。当然如果要纪律处分,事先一定要与孩子进行充分有效的沟通,必要的话,处分后还得做善后工作。

/情境故事 4
孩子再也不乱倒豆浆了

三岁多的叮叮是班上出了名的捣蛋鬼，经常不是撕人家的纸，就是抢人家的积木，或者把自己不吃的东西扔到别人碗里，典型的一个"小攻击狂"。这不，下午吃点心，叮叮居然把自己吃剩的豆浆倒进对面小朋友宁宁的杯中。

叮叮是个独生子，由于家长的过分溺爱，孩子身上表现出好强、霸道、任性，以自我为中心等种种不良行为。以往我总是以口头教育为主，可口头说教常常无济于事，或许是因为幼儿园的小朋友理解能力差吧！我想起了卢梭的"自然后果"教育法——让孩子体验自己所犯错误的后果，从中接受教训。幼儿时期不宜于过多的说理，那就让孩子在体验"后果"中理解行为规范吧！

看到叮叮的举动后，我没有去责备他，而是一声不响地走过去，把对面小朋友杯中的豆浆倒回他自己的杯子里，然后给宁宁重新倒了一杯豆浆。

小朋友都在津津有味地喝着，我悄悄地观察着叮叮。只见叮叮两眼愣愣地盯着豆浆，看了一下没有喝，眼睛不时地瞟老师一眼。看看老师没反应，他有点急了，眼睛里快爆出眼泪了："老师，我不要这个豆浆。"我故意装作若无其事："这不也是豆浆吗？为什么不要呢？""这是他的豆浆。"叮叮还有点不服气。我装作奇怪状问："咦！这不是你刚才倒进去的豆浆吗？"这时他才低下头小声地说："这里有他喝了的豆浆，我妈妈说的，不能吃别人吃过的东

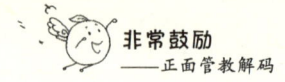

西。"乖乖,记得还真牢啊!我立即接话:"你妈妈说得很对。那你喝过的豆浆能倒进别人的杯子里吗?""不能。"这时叮叮才彻底低下了霸气的头。我随手把他杯子里的豆浆倒掉,给他倒了一杯后,就不去理他了。

这件事情过后,叮叮再也没有往别人杯子里倒豆浆。当偶尔出现将自己不吃的东西放到别人碗里或撕坏别人的小红花时,我也会用同样的方法来应对他。渐渐地,叮叮彻底改变了不良行为,同时其他的孩子也受到了教育。

(摘自江西省樟树市"陈晓娥工作室")

追梦直击

这位老师心目中,后果体验与惩罚是没有区别的。这实际上是一个认识误区。一个教育措施到底是后果体验还是惩罚,可选择下面其中一条标准,加以鉴别。

其一,从教育过程来看,能够坚持尊重、合理、相关三原则,即是后果体验,不然就是惩罚。

其二,从教育结果来看,后果体验能够帮助孩子养成自主、自律和负责任的品质,惩罚则不然。惩罚的长期效果是孩子往往采用以下四个"R"中的一种或全部来"回敬"我们:

1. 愤恨(Resentment)——"这不公平!我不能相信大人!"

2. 报复(Revenge)——"这回他们赢了,但我会扳回来的!"

3. 反叛(Rebellion)——"我偏要对着干,以证明我不是必须按他们的要求去做。"

4.退缩(Retreat)

这位老师"以其人之道还治其人之身"的长期效果一时还难以判断,但从其干预过程来看,并没有明显地违背后果体验的几个原则。从这个意义上说,这是一例后果体验,而不是惩罚。

在教育实践中,教师对逻辑后果与惩罚加以区分是必要的,不然有可能使后果体验变为惩罚。

/延伸阅读
老和尚与小沙弥的故事

春天的大山繁花似锦,大山的中央是一个明镜似的湖泊,湖泊的中央有一个寺庙,寺庙就建在木板搭起的平台上。

老和尚还不太老,四五十岁的模样。小沙弥八九岁,浓眉大眼,虎头虎脑的挺可爱。清晨醒来,做完功课后老和尚、小沙弥跳上小船,咿咿呀呀划桨,不一会儿就出了山门来到岸边。老和尚去化缘,小沙弥去山里采草药,老和尚叮嘱小沙弥说:"小心蛇啊。"

小沙弥蹦蹦跳跳地在山谷中采草药,一条毒蛇慢慢从岩缝中爬了过来。小沙弥伸手一把抓起扔了,然后到小溪边玩耍。

小沙弥的玩耍别出心裁,他抓起小鱼、青蛙和蛇,用一根长长的细绳将它们一一拴住,绳子的另一头拴着一块石头。小沙弥见鱼、青蛙、蛇拖着石头艰难地游动,便嘎嘎地笑个不停。

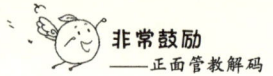

　　小沙弥的举动被老和尚看得一清二楚。老和尚没有吱声,带着小沙弥划船回到寺庙。夜里,老和尚在熟睡的小沙弥腰间绑上了一块大石头。

　　又是一个风和日丽的清晨,小沙弥睡眼蒙眬地哀求师父把他腰间的大石头解开。

　　小沙弥说:"我背上有一块石头,请帮我拿掉。"

　　老和尚平静地说:"难受吗?"

　　"很难受。"

　　"你是不是这样对待鱼的?"

　　"是的。"

　　"你是不是这样对待青蛙的?"

　　"是的。"

　　"你是不是这样对待蛇的?"

　　"是的。"

　　老和尚一脸正色:"站起来,走走看。"

　　小沙弥走了几步说:"好重,我走不动。"

　　"那你把石头绑在小鱼、青蛙和蛇身上,它们是不是也走不动?"

　　小沙弥哭丧着脸说:"师父,我错了。"

　　老和尚说:"你先去把它们找出来,放了它们,我就放了你。"

　　小沙弥赶紧爬进小船,独自一人去摇桨。老和尚在平台上说:"如果有一只动物死了,你心里的石头就得绑一辈子了。"

　　小沙弥背着大石头跌跌撞撞地来到小溪边后,见绑着石头的鱼还在原地,但已经肚皮朝上,死了,小沙弥见状放声大哭,并用小石子把鱼"葬"在了溪边。过了一会儿,他蹚水来到岩石边,青蛙还活着,拖着石头在喘息。小沙弥赶紧替它解开了石头,青蛙一下子游远了。小沙弥又去找蛇。蛇在岩石上找到了,但已经死了,岩石上渗着一摊暗红色的血。

小沙弥捧着软绵绵的蛇,伤心得号啕大哭。

(资料来自网络)

第七课　用 特别时光 矫正孩子的问题行为

☆微型讲坛　　"不对症"的处方更灵验

☆情境故事1　烟味在"特别时光"中消失

☆情境故事2　两次特别的"特别时光"

☆情境故事3　"蜗牛"牵我去散步

☆延伸阅读　与孩子共度"太空时间"

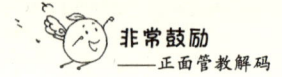

/ 微型讲坛

"不对症"的处方更灵验

习惯上,无论医生治疗疾病还是老师帮助学生,都讲究"对症下药"。可在实践中发现,面对孩子的某些问题时,"不对症"的处方也蛮灵验呢!有时"对症"之药无力回天,"不对症"的偏方却能轻松地除去陈年旧疾。这个偏方不是别的,就是正面管教中的"特别时光"。

什么是特别时光?老师可以在每天放学后花两三分钟和一个孩子在一起,或者利用课间十分钟交流,不谈论这个孩子的问题,可以与孩子拉家常、谈爱好等等。比如可以问这样一类问题:"你最喜欢做的好玩的事是什么?"然后,告诉孩子你最喜欢做的事情……

设置特别时光有何意义?《正面管教》中提到:"许多老师体会到,放学后只要花几分钟作为给一个孩子的特别时光,就能帮助这个孩子感受到足够的鼓励停止其不良行为,尽管在这段时间里并没有提到不良行为。"特别时光所以具有如此作用,就因为它能提升孩子的价值感和归属感。简·尼尔森曾经指出:当孩子们能期

第七课　用**特别时光**矫正孩子的问题行为

待和你的特别时光时,他们会感受到归属感和价值感。他们会感觉到他们对你很重要。

特别时光的应用范围如何？可以是需要重点帮扶的对象,也可以是全班每一个学生。

如果班主任有精力,可以争取每周对每个同学关注一下,聊几分钟即可。其实这对一个工作高效的老师来说,是有可行性的。因为这样的老师往往重在预防,而不是补救。当学生还没有出现不当行为时,先让他们享受"特别时光",并从中感受到价值感,孩子就会更多地表现出良好行为。当老师不需要花时间精力去当"消防队员"时,自然会有比较充裕的时间和精力了。如果实在无法顾及全体,可以确定几个问题行为比较多或情况比较严重的孩子,与他们一起共度特别时光,注意特别时光必须是一对一的,只有这样孩子才会有特别好的感觉。

特别时光的频度,可根据学生和老师的实际情况来确定。如果面对的是需要重点帮助的孩子,开始的时候间隔时间不宜太长,一周一次至少要保证。后期时间间隔可适当延长。具体时间可安排在课间、午间、放学后等等。

特别时光内做些什么呢？可以有两种思路:一是与学生事先商定特别时光时做哪些事;二是老师引导学生互动,可以问一些孩子可能感兴趣的问题,也可以给孩子讲讲自己的事,也可以送小礼物给孩子,还可以与孩子一起做点什么事。一位资深班主任说,让孩子帮老师做私人的事,孩子感觉会特别好。

这里还想给大家一个贴心提示:与学生共度"特别时光"时,切忌谈及学习和问题行为,只有这样,孩子才会有受关注、受尊重

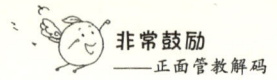

的感受(如果非谈问题或学习不可,必须等到师生关系非常巩固时)。如果孩子染上了烟瘾,你就不要提有关吸烟的事。如果孩子常常打架就不要谈及打架问题。对有诸如此类问题的孩子,你只要每天(或间隔稍长一点)花几分钟、十几分钟时间与他们在一起,使他们感受到鼓励,感受到价值感和归属感,一定时间后他们可能会出现意想不到的改变。

谨记,有时,"不对症"的处方更灵验!

/ 情境故事 1

烟味在"特别时光"中消失

我班有个小烟民张某,常一身烟味,因抽烟被当场抓了好几次,屡教不改。去年11月份时又被抓了,政教处要家长来学校一趟。家长明确表示:在外打工来不了,也管不了这孩子,随你们怎么处置好了。学校能怎么处理呢?最后叫这个我班主任看着办。我把孩子留了下来。首先我用和善而坚定的正面管教态度赢得了他的合作,他告诉我他已经有烟瘾了,父母不在身边,没人管他,初中时就开始抽的,进入高三后自己努力了却考不好,所以总控制不住会抽烟解闷,不过他愿意尝试戒烟。在得到孩子的信任后,我又尝试应用了一个正面管教工具——"特别时光",结果收到了意外的惊喜。

当时我在教室里养了两株水仙,一天我在班上问谁愿意替我照顾一下水仙,并把眼光投向了张某。这个男孩子第一个举起手,

第七课 用**特别时光**矫正孩子的问题行为

从此他就变成了我班的护花使者。这一下我们有了共同话题,也有了每天在一起共度特别时光的机会。晴天他常常把花搬到阳台上晒太阳,有时我们就站在阳台上聊聊养花的事,我跟他讲述自己养花的一些经验、体会,他与我分享一些生物学知识及照顾这花的心得。其实每次与他聊天时,我都悄悄地闻闻有没有烟味,没有!

时光流逝,期末来了,其中一株水仙开得都快谢了,而另一株不知什么原因,花苞却始终未开,最后干死枝头。在阳台上我不禁感叹:花苞都在了,离开花就差那么一步了,真可惜!看来花开也要及时啊!从那天起一直到今天,我的QQ签名都是"静待花开,花开及时"。这孩子在QQ上给我留言"愿所有梦想都及时开花"。这个学期他又更用心地在为班级照顾一盆常春藤,而我没有闻到他身上有烟味。

我和他一起因养花的事情度过了一段特别时光,虽没有谈起有关吸烟的事,但他身上确实很久没有烟味了。就这样我得到了一个守信诺、敢担当、感觉"我能行"的孩子。

每天有意识地抽点时间和几个学生聊天挺好的,这样两三周下来,就能和所有的学生说上话,爱的温暖就会到达每一个人身上。如此整个班级师生之间、同学之间会更融洽。当然在"特别时光",和谁聊天,在什么时间和地点,选择什么话题等,事先都得有所计划。在特别时光初始的一段时间一般不提及学生行为方面的问题,师生只是共同分享一些有趣的事情,等更为融洽时,提及问题也就只是就事论事,不宜把"特别时光"演变为说教的第二课堂。特别时光虽然不直面孩子的行为问题,但却能给孩子以信任、

尊重与关注,这样更利于孩子找到归属感和价值感,反而有助于从根本上解决问题。

(浙江省嵊州市黄泽中学　李爱春)

追梦直击

在中学里,学生抽烟向来是一个比较棘手的问题。李老师却用充满温馨的"特别时光"化解了这个难题。这给一线老师们带来了信心和希望。学校教育中诸如打架、逃学、说谎、不交作业、上课不专心、学习态度不端正等疑难杂症,不也可以尝试一下"特别时光"这一"不对症"的偏方吗?行为不当的孩子都是丧失信心的孩子,而"特别时光"能使这些孩子感觉好起来,能带给他们最大的鼓励,能提升他们的自我价值感。

李老师每天都花一定时间与学生共度"特别时光",这实在不容易。很多老师或许羡慕"特别时光"转化学生的效果,同时又会抱怨自己没有时间可用于"特别时光"。确实,老师们为帮助学生通过各项学业考核已经感到了很大的压力。然而,那些理解"鼓励"与"学业"同样重要甚至更为重要的老师,总能在课堂作业时间、课间休息时间或放学后找到几分钟时间用于"特别时光"。

/ 情境故事 2
两次特别的"特别时光"

当年我还不知道"特别时光"这一概念,现在回想起很多年前发生的两个故事,觉得那真是两次很特别的"特别时光"。

高一第二学期,职高幼师班学生小平的变化引起了我的关注。上课经常讲话,或自搞一套。有时对着镜子顾影自怜,有时做点小手工之类的。期中考试时,试卷上空白的地方很多,成绩自然好不了。第一学期可不是这样的,记得那时小平上课很认真,教育学成绩也不错,平时经常与我交流上幼儿园见习时的经历和体会,还会咨询一些情感方面的困惑,连最隐秘的心事也会向我吐露,如"男友可能得心脏病了,不知如何安慰?"之类的问题都会主动询问和求助。

我几次想找她好好谈谈,可总是顾不上。后来,我真的看不下去了,就趁课间休息时,找她聊。被叫到教室门口时,她有些紧张。于是我就避开主题,关切地问她:"这学期,你好像状态不太好,遇到什么事了吗?""没有,没有,我和过去一样啊!"小平连连解释。我也不追问。就换了个话题:"你男朋友身体好吗?心脏情况如何?"职高学生大多有"男朋友",当时还是兼职心理辅导老师的我与学生之间交流不回避这个现实的话题。

"现在很好的,不是心脏病,是医生搞错的。"

"你们现在关系怎么样?"

"快要分开了。"

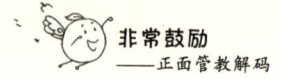

"为什么?"

"没有共同语言了。"

再拉了一会儿家常,十分钟很快就过去了。

当天下午,小平来到我的办公室借用电脑,打复习资料。一边打字,一边与我聊天,聊了很多。她告诉我:下学期不来学校了,准备去实习(不参加高考的职高生第三年可去实习),亲戚为她联系了一家市区幼儿园……从中我了解到她上课随便的原因:决定不参加高考后,对学习就不重视了。我也没有对她多说"在校时要好好珍惜"一类的话,只是听她讲,并偶尔给她提个醒:到实习单位后要注意什么。

最初我的出发点是帮助小平改变学习态度,可在课间的谈话时我只字未提,她来我办公室打复习资料时,我还是只字不提。课间谈话时回避主题是不得已而为之,看小平有些紧张,时间又只有十分钟。后来其实我是有意而为。因为我相信有时"辅导关系"本身就有改变学生的功能,或者说"关系比教育更重要"。上午刚刚谈过话,下午就主动找上门来了,不是很好的预兆吗?

果然,自从那天谈话和交流以后,小平在课堂上的态度完全改变了,又像过去一样,表现得认真好学。期末考时,教育学得了90多分。

另一个故事发生在更早的时候,那时我在一所初中学校担任心理辅导教师。

记得有一次上心理辅导课,当时学习内容是关于发散思维,我设计了一个小组竞赛活动,看哪个组说出砖头、报纸的用途多。全班同学热情高涨,争相回答,只有小铭一人无动于衷,上一次写学习心得时提出与众不同意见的人也是他。他是一个怎样的人？他对心理辅导活动课没有兴趣吗？下课铃响了，我带着一种好奇心，找小铭谈话。一开始，小铭神色不太自然，以为我要批评他。我告诉他，没事的，就想找你聊聊天。很快我们便聊得很投机，话题是关于人生的思考、世界名人等等。十分钟很快过去了，小铭仍然意犹未尽。当天晚上又托人带回一张纸条，与我继续探讨关于人生的话题。后来又有几次打电话到家里，向我咨询关于诚信、公平等问题。

从那次课间谈话以后，小铭上课的态度与以前不一样了。到底是怎么回事，我不想去深究。我只是觉得，课间十分钟也是一个宝贵的教育资源，我与学生的距离拉近了，学生对课堂活动没有兴趣、不投入等问题也可能轻而易举地解决了。

亲眼目睹小平和小铭的变化，我更加深信一点：面对学生的问题，在有的情况下不需要去了解"为什么"，不需要直面主题，只需要表示关爱和尊重，只要走近学生就足够了。当然这一教育策略是有一定的适用范围的，它不是普遍真理，很多时候需要遵循"走近学生——了解学生——改变学生"的教育规律。

追梦直击

为什么说，那两次经历是两次很特别的"特别时光"呢？书上介绍的"特别时光"，需要每天或若干天一次的，目的是通过多次的特别时光，使孩子感受到关注和尊重，感受到自己的价值，从而中止不当行为。可我只与每个孩子相处了十分钟（和小铭还有几次后续交往），孩子的变化就真真切切地发生了，而且孩子感受到

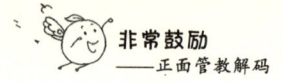

的关注和尊重也是毋庸置疑的。这两次经历有什么启示呢？或许对某些特别需要关注的孩子来说，只需要一次或几次"特别时光"就能显示明显的教育效果。当然前提是绝对不提及他们的问题。说到"特别时光"，许多老师会以工作忙为理由而拒绝，如果不需要很多次，只需要一两次，还会有困难吗？可以先从问题行为比较单一的孩子开始，尝试一下，或许孩子会送给您一份意想不到的惊喜！

/ 情境故事3

"蜗牛"牵我去散步

上帝给我一个任务，叫我牵一只蜗牛去散步。

我不能走得太快，蜗牛已经尽力爬，每次总是挪那么一点点。

我催它，我唬它，我责备它，蜗牛用抱歉的眼光看着我，仿佛说："人家已经尽了全力！"

我拉它，我扯它，我甚至想踢它，蜗牛受了伤，它流着汗，喘着气，往前爬……

真奇怪，为什么上帝要我牵一只蜗牛去散步？

"上帝啊！为什么？"天上一片安静。

"唉！也许上帝去抓蜗牛了！"好吧！松手吧！

反正上帝不管了，我还管什么？

任蜗牛往前爬，我在后面生闷气。

咦？我闻到花香，原来这边有个花园。

第七课　用**特别时光**矫正孩子的问题行为

我感到微风吹来,原来夜里的风这么温柔。

慢着!我听到鸟叫,我听到虫鸣,我看到满天的星斗多亮丽。

咦?以前怎么没有这些体会?我忽然想起来,莫非是我弄错了!原来上帝是叫蜗牛牵我去散步。

当读到上面这段文字时,我想起了陪她度过一段特别时光的腼腆女孩。原来我以为自己是凭着极大的耐心帮扶了一个像蜗牛一样的孩子,不曾想是蜗牛牵着我在散步,使我看到了沿途那么多美丽的风景呢!

我和"蜗牛"的故事还得从头说起。女生楠是个非常腼腆的孩子,接班近三年了,从未主动和任何一个老师讲过话,上课提问,她就满脸通红,不是低头就是不停地掉眼泪。我学习了《正面管教》后,决定试试其中的一个正面管教工具——特别时光,心想或许小学阶段的最后几个月能够使她有所改变呢!

我有意将特别时光的地点安排在清净、无人打扰的学校花园;至于特别时光的内容则是楠感兴趣的话题。特别时光的时间,开始的三周为每节课下课时间。

最初一星期,实在形成不了思维风暴,无论我怎么问,她就是一声不吭。只是我说,说爱好,说读书的体会,说工作中的乐趣,我提示她只要点头或摇头或应一声"嗯"就行。第二个星期,楠开始和我进行简单的对话。当楠第一次欲开口时,我反复鼓励,耐心等待,七八分钟后她终于开口和我说了三年来的第一句比较完整的话。第三个星期,我提醒她自选话题,可说一句或几句话,她和我交流变得越来越自然。第四个星期开始,由以前的每节下课调整到半天一次。到现在,她已经能自如地出入老师的办公室,帮我到

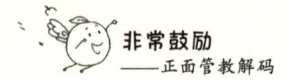

其他老师那儿跑跑腿,传传话。

看着楠的活泼轻快的身影,我感慨万千。最初我只是抱着试试看的心态,没想到一只小蜗牛居然变成了一只小飞燕。楠可能是在特别时光里感受到了我的特别关注,从而找到了自己的价值感,并因此变得自信而大胆吧!因为楠的变化,我也特别有自我价值感,到底是我成就了孩子还是孩子成就了我?应该说是孩子成就了我!如果不是楠,我怎么能够体会到"特别时光"的特殊魅力呢!如果不是楠,我怎么能够开拓出一条特别的育人渠道呢!如果不是楠,我怎么能够创造出笔下的特别故事呢!啊!感谢楠,牵我一起去散步!

(浙江省嵊州市崇仁镇中心小学 裘佳)

追梦直击

看到这个案例,我首先注意到的是时间间隔的安排,前三周,每节课下课时,第四周每隔半天一次。我由衷地敬佩裘老师的执着精神!但有些担心老师的负担。当然裘老师如此安排一定是有理由的。其他老师可以根据学生和老师自身的实际来确定"特别时光"的时间间隔。

楠这样的孩子特别需要鼓励,而"特别时光"就是一种最有效的鼓励。正如裘老师所说:"楠可能是在特别时光里感受到了我的特别关注,从而找到了自己的价值感,并因此变得自信而大胆"。除了心理上的赋能之外,裘教师还无意之中利用了正面管教中的另一个工具——花时间训练。楠的胆量和语言表达能力就是在四个星期循序渐进的训练中得到改善的。将"特别时光"与"花时间训练"两者有机结合,是这例个案的一大特色。

/ 延伸阅读
与孩子共度"太空时间"

"太空时间"是家长和孩子共度的一段很特别的时间。它是一个能够挽救濒临破裂关系的技巧,是当亲子关系出现危机时的紧急处理机制,就像是停电时的手电筒,或者备用的灭火器。

在"太空时间"里,双方要把所有不愉快的记忆或者情绪抛开,就像坐火箭去了太空,把所有不愉快的事留在地球上。孩子可以毫无拘束地说出心里的话,而家长亦毫无保留地献出关怀、支持及爱,目的是不要因为一些原先存在的情绪或态度形成的隔膜,使亲子关系中断,让孩子感到无助。

"太空时间"机制的建立,需要家长与孩子在双方心情都很好时一同坐下,谈清楚规则及实施的程序。家长或孩子都可以提出进入"太空时间"的要求,并且不设立任何先决条件。一般上"太空时间"应该不少于30分钟,最理想是1小时左右。

在"太空时间"里,双方不再争论或互相抱怨、不提起未解决的事、不算旧账、不谈判,不逼对方,而是相互坦诚地说出内心的情感需要,说些大家在一起时快乐的事,谈一些大家可以一起做的开心事,把对方视为最可信赖的朋友。

当需要用"太空时间"时,亲子关系已经需要非常处理了。所

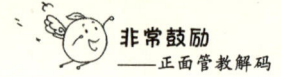

以,家长必须明白并不断提醒自己,可以维持一个抽离的态度,去跟随上述的指示把一次"太空时间"做出效果来,在这个过程中家长还须提醒孩子上述的指示。

"太空时间"用在家长之间,亦十分有效。

(摘自李中莹著《亲子关系全面技巧》)

第八课　用花时间训练提升孩子的内心能量

☆微型讲坛　　花时间训练也是一种鼓励

☆情境故事1　"手把手地"领着学习委员上岗

☆情境故事2　设立学具摆放提示角

☆情境故事3　初试"日常惯例表"

☆情境故事4　老师，再给我出一道题吧！

☆延伸阅读　蒙台梭利的安静游戏

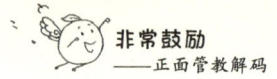

/ 微型讲坛

花时间训练也是一种鼓励

简·尼尔森在《正面管教》一书中提到了值得我们反思的一个现象,很多父母从来不花时间训练孩子的某些技能和习惯,可当孩子做不好时又很生气。比如叫孩子整理房间,孩子随便弄了几下,就说整理好了,妈妈见了或者十分恼火或者怨声连连。这种现象并不是个例吧?在我自己身上也能找到影子。正面管教十分重视"花时间训练",并且将它视为一种鼓励方式。

花时间训练孩子,训练内容是什么?训练内容十分广泛,涵盖了生活、学习、社会交往、良好习惯等涉及到孩子成长需要的方方面面。为什么花时间训练孩子也是有效的鼓励?花时间训练能提高孩子的能力。孩子能力提高了,他自然能感受到鼓励。我将鼓励分为外源性和内源性两类,花时间训练孩子其实是一种内源性鼓励,它比来自外界的外源性鼓励更有力量。孩子要成长为一个内心强大的人,十分需要这种内源性的鼓励滋养。

对孩子进行生活技能训练时,要给予具体明确的指导,有时甚至需要手把手地帮扶。如当你让孩子收拾厨房时,一定要向

第八课　用花时间训练提升孩子的内心能量

孩子提出十分明确的要求。对孩子们来说，收拾厨房可能就是简单地把用过的碗碟放到洗碗池里。因而成人一定要具体而明确地告诉孩子，碗筷应该怎么洗、怎么放，锅和灶台也要刷干净，地板也要擦一擦，如此等等。

训练孩子的行为习惯时，通常需要通过富有创意的操作程序和巧妙的教育方法来提高训练效果。记得薛瑞萍老师将蒙台梭利的安静游戏创造性地应用于"排路队"训练，效果特别好。"现在我们安静下来，我们变成了一块石头，我的头不动了，我的肩放平了，我的身子静下来了，我的手不动了，我的脚不动了，我像块石头。现在我点到谁的名，请你拿好自己的东西到门口去排队"。老师点名的声音越来越轻，孩子排队的动作也越来越轻。

当孩子学习成绩上不去时，花时间训练也是最好的鼓励。因为不管成人的语言鼓励多么有力量，只有"提高才是硬道理"。当经过一步步的训练，孩子的学习基础有所增强时，孩子成功的体验会成为继续前进的强大动力。

《正面管教》特别强调花时间训练孩子制作和使用"日常惯例表"。

"能避免晚上就寝争斗以及早上起床争斗的一个最好的办法，就是让孩子参与制作日常惯例表，然后让他们按照自己的惯例表行事，而不是由你来告诉他们该做什么。可以先让孩子列出他们晚上就寝前应完成事项的清单。这个清单或许包括：收玩具、吃点心、洗澡、换睡衣、刷牙、为第二天早上选好衣服、晚间故事、拥抱。把这些内容抄到（如果孩子年龄足够大，就让他们自己抄）一张表上。孩子们很喜欢自己做这些事的时候，你替他们逐一拍

照,以便他们把照片贴到表上每个项目的后面。然后,把这张表挂到孩子能看得到的地方,让日常惯例表说了算。你不需要再告诉孩子该做什么,而应该问他们:"按你的惯例表,下面该做什么?"通常,你不是必须要问,孩子会自己告诉你。

当孩子们遵循晚上的惯例表(可以另做一份早上的惯例表)时,头天晚上选好第二天要穿的衣服,就能消除第二天早上的一些麻烦。如果他们头天晚上就把自己要穿的衣服摆好,他们就不会因为最后一分钟还找不到衣服而发脾气。

记住,让孩子参与制作和使用日常惯例表,目的是让孩子觉得自己能干,觉得受到鼓励。当然还会因此而带来正面管教的一项额外好处:你可以不必再唠叨。并且会享受到平和的晚上和早晨。

简·尼尔森指出:"孩子越能自我照料,就越觉得自己能干,越能受到鼓励。"推而广之,孩子的习惯越好、情商越高、成绩越好……自我感觉越好,就越能受到鼓励。所以对于孩子的习惯、情商、学习等方方面面,都应该花时间加以训练。

/ 情境故事1
"手把手地"领着学习委员上岗

去年9月我带了一个40人规模的小学一年级新生班,学习委员一上任,就遇到了一个难题:怎样组织40个人听写生字?一年级的孩子活泼、好动,又尚未形成规则意识,弄不好会乱了阵

第八课 用花时间训练 提升孩子的内心能量

脚。再说,学习委员又没有工作经验。该怎么指导呢?我想到了一个主意,手把手地教,先扶着他走。于是在听写生字的时候,我先为其反复示范,并要求他声音洪亮地把每个字读三遍,声音倒是上来了,可他读的速度过快很多学生跟不上。因而我又教他一个方法,让他在每读完一遍时心中默数三个数,这样再读时学生就跟上了,并且还读得很有节奏。其间有些学生也会出现违规行为,如插嘴或听写完一个字以后在下面开小差,我都在一旁一一给予了规范,或摸摸他们的脑袋,或做做手势,无声地进行管理。当组织听写工作规范有序之时,我就不再操心了,学习委员也在工作中日益成熟起来。

(黑龙江省海林市新安镇中心小学　王教刚)

追梦直击

王老师的经验给大家一个重要的启示:指导具体工作方法,不能只提笼统的要求,而要具体帮扶,学生年龄越小,指导要越具体。我想起了一个类似的案例,班主任一次又一次地对小组长说"打扫卫生要分工明确",但仍然无济于事。后来班主任召开小组长会议,指导他们列出所有的值日项目,并分成若干等份,然后责任落实到人,结果很快改变了值日职责不明的情况。可见笼统地说上十次也不如手把手地传授一次。

通过王老师手把手的训练,学习委员的获益是双重的,一是提高了工作能力,能够胜任学习委员的职位;二是在组织听写的工作中能感受到"我能行",这对孩子来说是一个切

163

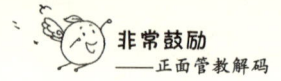

切实实的鼓励,对于提升自我价值感、培养自信心是具有积极意义的。

/ 情境故事 2
设立学具摆放提示角

开学快到一个月了,昔日幼儿园里那些可爱的"小孩儿"早已变为"小学生"了。瞧,上课时他们是那么认真,积极地回答问题,下课时积极帮老师发作业,吃完午饭又认真地帮老师打扫卫生。看到这些,作为班主任的我,还真的很有成就感。可有一件事让我头痛,那就是上课铃响后,我的这些"宝贝"不仅不能快速坐好,反而大呼小叫,有的找小伙伴,有的要喝水,特别让我头痛的是就连学习用具也准备不好。于是我不停地告诉学生:要上课了,请同学们拿出学习用具并摆放好,课本放在桌子左上角,铅笔盒横着放于课本旁边……

几乎天天得提醒,尽管这样,部分学生还是做不好,今天刚讲过,明天又忘记了,一件小事折腾了好长时间……

后来学具摆放工作几乎全部由我来做,我得想办法让他们自己行动起来,受学校搞的"小策略研究"的启发,我决定改变一下工作方式。

我要做的准备:设立学具摆放提示角。提示角中有一张图,上面画着一张桌子,桌子上面标明课本、铅笔盒等学具的摆放位置,我们称之为"学具摆放图",贴于黑板旁边,学生一抬头便可看到,

第八课　用花时间训练提升孩子的内心能量

这张图没有什么文字,学生非常容易看懂。

同时我与学生作了如下约定:

第一,课前课后看一眼。学生上课之前和一下课都要看一眼"学具摆放图"。

第二,同伴之间要相互提醒。当发现你的同学没有准备好学习用具时,要及时提醒。

第三,"一站一指"提示你。老师往提示图前一站或用手一指,虽然不说话,学生也明白老师在提醒什么。

以上约定的第一步是自我督促,如果自己没有注意到就进入第二步,同伴之间提醒。如果第二步还没有效果,就由老师提醒。当然如果前两步做好了,就没有必要再进行教师的"一站一指"了。

上面措施实施一个多月了,效果不错。一开始我还得往提示图前"站一站"或"指一指",后来基本上不用我出面了,学生之间可以相互帮助了。再后来,学生养成了习惯,变成了自觉行动。

（北京市海淀区中关村第四小学　于昕）

追梦直击

　　于老师在开学的第一个月里就给学生讲了学具摆放的具体要求,而且在平时一次又一次地提醒,可收效甚微。后来于老师把摆放学具的要求转化为直观形象的提示图,同时建立了"自我监督、同伴提醒、老师提示"相结合的监督机制,经一个多月的实践,孩子们最终养成了"学具摆放"的良好习惯。读完于老师的案例,我想到了以下几点:

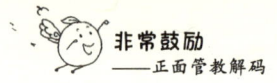

1.训练孩子的行为习惯、生活技能时,仅告诉孩子怎么做是不够的,很多时候还得用有效的训练方法让孩子们学会"怎么做"。由于训练内容不同,训练方法没有定式,但成人要树立"方法"意识,切忌训练过程的简单化、机械化。比如有的孩子用餐时不够文明,家长可在告知一些基本的餐桌礼仪的基础上,设计一些游戏或竞赛训练孩子。

2.训练时要尊重学生的主体性。试想,如果于老师给出了提示图后,只有老师提醒,没有"自我监督、同伴提醒"效果会怎么样?学生的参与热情肯定会打折扣。训练过程中,让学生成为主体,无疑会增强训练的效果。

3.孩子养成良好的行为习惯或学习生活技能,不会一蹴而就。于老师班里的孩子经过一个多月的训练,才逐渐形成习惯。所以即使有良好的训练方法,也要给孩子时间,要耐心等待。当然因训练项目不同,孩子个性和年龄不同,需要的时间也会不一样。

4.有时需要设法凸现"花时间训练"的鼓励作用。经过训练,孩子能力得到提升时,他们往往会自然而然地觉得"我很能干",并从中得到自我鼓励。但训练涉及行为习惯时,孩子的成就感、自豪感不会很明显,这时需要老师加以引导,以凸现"花时间训练"的意义。比如,当全班同学把学具摆放得整齐有序时,可让大家先看一看自己和整个教室里的学具摆放的模样,然后请同学们谈谈自己的感觉。经过这样的引导,他们的内心感觉就会更好,这样一方面有助巩固已经习得的良好行为,另一方面,还会使他们更有动力朝向新的目标努力。

我相信,这时如果老师提出一个新的行为规范要求(比如写字时把身子坐直),大家一定会以极大的热情投入到新的训练活动中去。

/ 情境故事 3
初试"日常惯例表"

对孩子来说,日常惯例表是训练"学习时间管理和生活安排"技能的一个很好的载体。

我班里的学生涛和芳,学习基础差,一写作业就头疼,所以他们能拖则拖。为帮助这两位学生,我动了许多脑筋,留晚学,请家长,罚双倍作业,都不见成效。学习了"正面管教"后,我决定用正面管教策略来试试。

经过一段时间的观察,我发现他们作业拖拉的主要原因是缺乏合理的规划,对各科作业的先后顺序没有合理安排,时间观念差。这使我想到了"日常惯例表",或许这是一个适合于他们的正面管教工具。于是我就和他们商量,老师有一个解决拖拉作业的办法——让"日常惯例表"来帮忙,是否愿意一起努力。他们表示愿意合作。

考虑到刚开始时以一天或一周为单位的大段时间不易实际操作,我就帮他们选择了一个比较容易成功的时间段,即早自习到中午放学这一时段,作为尝试"日常惯例表"的起点。

选定时段后接着要做的是制订"日常惯例表",这时我内心很

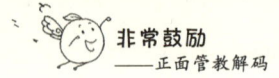

想包办,即自己替他们列出惯例表中的任务。当我想到只有学生自己参与制订才更具有执行力时,我克制了内心的冲动,让涛和芳一起参与了制订"日常惯例表"的全过程,经过大家的充分讨论,最后列出了一个简单清晰的"日常惯例表"。

日常惯例表

时间	任务
早自修	背《日有所诵》
数学课	完成《口算训练》
语文课	完成《生字抄写本》

签名 _____

其实语文课和数学课还有《课堂作业本》,考虑到这两位学生基础差,要按时完成可能会有困难,只好暂时先放弃。

为便于执行,我特意打印出了日常惯例表,一式两份,一份老师留底,一份学生贴在自己的课桌上,还让学生郑重地签上了自己的姓名。

为了让他们熟悉日常惯例表,每到相应的时间,我就指指惯例表提醒他们,刚开始,实施情况不是很理想,后来我抓住时机进行鼓励,情况有了好转。有一次,芳早早完成了惯例表的任务,我给她画了个大大的笑脸,让她拿着笑脸在花园拍照,我把照片传送给家长,并放在教室电脑上,作为当天的壁纸。这样一来,孩子执行"日常惯例表"的积极性更高了。

在执行"日常惯例表"的过程中,老师适时提醒和鼓励,孩子

第八课　用 花时间训练 提升孩子的内心能量

们自我督促。就这样,我们坚持了两个多星期,除了最初几天情况不理想之外,以后的作业,他俩都能按时完成了。我们又试着延长时段制定新的任务,基本达到了预想的结果。

日常惯例表的运用给了我更多的思考。让孩子参与日常惯例表的制订,能给孩子一定的权力,这能使他们感受到鼓励。当他们体验到完成惯例表的成就感时,同样能从中得到鼓励。总之,无论日常惯例表的参与制订过程还是执行过程,都能使孩子体会到一种自我价值感。

(浙江省嵊州市崇仁镇中心小学　裘佳)

追梦直击

从上面案例中,可以看到花时间训练孩子应用日常惯例表,其意义是多方面的。一是帮助两个孩子改善了作业拖拉现象;二是这样的训练对他们学会时间管理和生活安排具有积极影响,如能长期坚持,孩子会学会合理安排时间;三在制定和执行日常惯例表的过程中他们体验到了平时没有的成就感。

裘老师训练孩子应用"日常惯例表"分五步走,其操作程序很有参考价值。

第一步,调查摸底。通过调查发现两位孩子之所以作业拖拉与不会合理安排时间有关,这就为选择"日常惯例表"这一正面管教工具提供了依据。

第二步,与学生商量。这一步很重要,如果老师把"日常惯例表"强加给孩子,就会变成老师的"日常惯例表",这样就

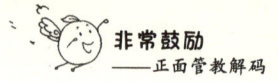

会严重挫伤孩子的参与积极性。真诚地与孩子商量,就能赢得孩子的合作。

第三步,选择时间段。选择时间段从容易成功的时间开始,时间段的安排从短到长。

第四步,确定"日常惯例表"的内容。这一步,裘老师特别注意了两点,一让学生全程参与,二根据学生的实际安排学习任务。学生基础差,在学习内容选择时坚持了"少"和"易"的原则。

第五步,引导执行。在孩子执行"日常惯例表"的过程中,老师主要做了两方面的工作:一是提醒,二是激励。裘老师的激励方法是给学生"拍照"。《正面管教》一书中介绍的那个"拍照"是在制作"日常惯例表"时使用的,裘老师却创造性地将"拍照"用于执行"日常惯例表"的过程之中。"有一次,芳早早完成了惯例表的任务,我给她画了个大大的笑脸,让她拿着笑脸在花园拍照,我把照片传送给家长,并放在教室电脑上,作为当天的壁纸。"这一激励方法对孩子来说很受用。

/ 情境故事4

老师,再给我出一道题吧!

八年级了,孩子数学成绩仅仅十多分,我一遍遍地催促孩子做作业,孩子就是不学,甚至讨厌学习,每天的作业都是应付。我每次试图去跟孩子交流,孩子的反应却是冷淡甚至冷漠……

第八课 用花时间训练提升孩子的内心能量

这就是我刚接触孩子时，家长的哭诉。正说着，孩子过来了，我简单地跟孩子聊了几句，孩子很乖顺，除了成绩有些差之外，没有什么特别不好的地方。

我跟孩子聊到了他喜欢的老师，他的理想，他目前的困惑，甚至是孩子内心那种萌动的青春心思，我们聊得很开心，这跟家长所说的孩子沉默不语、不善言辞、性情冷淡是完全不一样的。

我们谈到了学习，学生很不好意思地翻开了作业本，每页作业都是空白的，老师用红笔打了一个又一个大大的"？"。这是学生从来不敢给别人看哪怕看一眼的绝对隐私，如今虽然还有些不好意思，但是见我很平静地接受了这些大大的问号，他就慢慢地释怀了。

"学习是一件从来都不会为时已晚的事情。就让我们从现在开始征服一个又一个的难题吧，男儿就应该去挑战一切。"我笑眯眯地问他："能不能跟着张老师用一年的时间攻克初中三年的知识？"

"能！"

正式开始辅导的第一天，我就告诉他：

第一，不管以前学习有多么不好，老师都理解你有某种可能说不出来的原因，老师理解你，并接受你！

第二，不管遇到多么简单和幼稚的问题，只要问我，老师绝对很乐意给你讲，直到你真正理解为止。

第三，数学知识章节相对独立，前一章节考试可以是零分，但是不影响你在新的章节里得到满分，所以老师开始对你的学习要求就是：以前可以考零分，但是从现在开始，你需要尽力向满分冲刺！

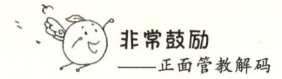

学习很差的学生的一个共同特征是做题慢、错误多、不自信。不相信自己能够独立做题,不相信自己的答案是对的。那是因为他们平时太缺乏那种获得肯定的踏实感觉了。只有把这种感觉补回来以后,他们的自信才会慢慢地抬头。

弥补的方法就是肯定,及时地肯定!我先给学生讲知识点,然后出一道很简单的题目,学生轻而易举地完成了,我会说你真棒,谁说你学不会!学生会心地朝我微笑一下,仿佛对这种肯定不在乎,毕竟题目有些简单。我当然懂得学生的心思:"要不要再来一道难一些的?"仅仅是稍微难了一些,没有理由不去挑战一下的。学生又做了出来,我仍旧说你真棒,看来这道题难不住你,我要再给你出一道更有挑战性的题目。这个时候学生心里是不安的,一方面怀疑自己能否做出来,一方面又为自己已经做出了两道题而心里乐滋滋地跃跃欲试!

可能这次真的碰到困难了。在学生明显进行一番思索之后,我会时不时地提示一下,学生终于有思路了。"嗯,对,继续往下做!"我时刻关注着孩子的做题进度,嘴里不时地说着。这句话就像是孩子走在悬崖峭壁上时的一根绳索,让他大胆地往前……终于做出来了!我跟孩子都如释重负:"看来这道题真的很难,不过你还是把它征服了,真不错!"学生的信心就是这么培养起来的,没有不屑和不耐烦,只有及时引导、肯定和欣赏!

就这样到了第五天,原本什么都不懂的孩子开始独立地做作业了。时间过得很快,转眼到了八点半,孩子突然对我说:"老师,你再给我出一道题吧!"我不敢相信,这真的是一个在家长看来是从来不爱学习的孩子说的话!

第八课 用花时间训练提升孩子的内心能量

到了第六天、第七天,每当时钟指向八点半的时候,孩子都有一种恨时间过得太快的感觉,他总是提出同样的要求:"老师,你再给我出一道题吧!"

谢谢你!孩子。做题训练给了你鼓励,也带给我鼓励。

(江苏南京市江宁区博雅心理与辅导中心 张朋举)

追梦直击

张老师的做法有几点值得学习和借鉴。

第一,通过随意聊与孩子建立初步的情感连接

"我跟孩子聊到了他喜欢的老师,他的理想,他目前的困惑,甚至是孩子内心那种萌动的青春心思,我们聊得很开心……"这里看似聊得随意,其实张老师是醉翁之意不在酒,"与孩子建立情感连接"才是张老师的良苦用心。张老师正是通过这种不起眼的随意聊,初步赢得了孩子的心,为解决实际问题创造了良好的条件。

第二,通过表明态度消除孩子的内心顾虑

"第一,不管以前学习有多么不好,老师都理解你有某种可能说不出来的原因,老师理解你,并接受你!""第二,不管遇到多么简单和幼稚的问题,只要问我,老师绝对很乐意给你讲,直到你真正理解为止。"

不敢问简单的问题,怕老师责备或耻笑,这是学困生的共性,张老师如此明确地表态,就为孩子创造了一个安全的心理环境,这使孩子能够避免"老师会怎么想,怎么看"等一类闲思的干扰,从而轻装上阵,有利于把全部精力投放到学

习活动中去。

第三,通过由易到难的训练提升孩子的自信心

张老师安排的训练题很有梯度:"简单题——难一些的题——更有挑战性的题目"。训练从容易成功的地方开始,第一次成功了,对学困生来说具有特殊意义,可以为他迎接下一个挑战积蓄能量。一个难一些的题做出来了,更有挑战性的题目做出来了,随着所做题目难度的增加,孩子的自信也在逐渐攀升。

第四,将训练进行到底

训练一两天并不难,难的是将训练进行到底。张老师已经坚持到了第七天了,真的不容易。我想起了以前对自己孩子进行口算训练的情景,当时孩子口算速度比较慢,我和先生就很用心地做了许多训练卡片,可孩子对机械训练不感兴趣,这样只训练了几次我们便放弃了,对数学其他方面我们同样没有将训练进行到底。现在想来,如果当时能够花时间,使巧劲对孩子进行持之以恒的训练,使孩子在数学方面比较有成就感,孩子的学习之旅一定会快乐得多,自信系数也可能会成倍地增加。

/延伸阅读

蒙台梭利的安静游戏

教育工作者都知道,学习者在安静的状态下才能真正地学习吸收。但是,安静并不等同于不说话,安静也可以是分享、讨论,但却是来自沉静的思考。成人或许可以要求孩子闭上嘴巴,但这只是安静的假象,并无助于孩子进入学习状态。

安静是一种自律、一种修养、一种专注,是一种学习的习惯,让孩子学会安静,这对孩子一生的学习非常重要。

第一阶段操作要点

1. 先关掉家中人为的声音(如:电视、音响等),以及可能会中断活动的因素(如:正在烧的开水、电话等),再邀请孩子和你到较安静、舒适的地方(如:书房、卧房)。

2. 告诉孩子这是一个特别的活动,你现在要让自己的头(或是手、脚等,你自己觉得最轻松、最容易开始的部位)不动,接着请孩子注意看你:自然放松身体,保持全身寂静不动数秒。

3. 询问孩子是否看到你刚才头部完全不动,然后请孩子也试试看。给予孩子明确开始和结束的信息,例如:当你说开始,就必须不动;当你弹指(或以双唇轻弹一声)就表示结束。

4. 依刚才约定让孩子重复练习,整个过程中你也必须和孩子一样保持静止不动。

5. 更换不同的身体部位,同步骤2—4的方式继续进行。

6. 根据孩子的兴趣以及安静的能力,变换不同的身体部位,最后练习全身不动,并且逐渐加长静止的时间。

第二阶段操作要点

(经过第一阶段的活动,你和孩子已经可以共同创造一段寂静的时光,此时环境中的声音就显得格外地清晰。)

1. 在孩子能静下来维持不动一段时间后,邀请孩子闭上眼

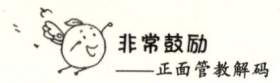

睛,然后注意听见什么声音,并告诉孩子等你的指令后再睁开眼睛。

2. 邀请多位孩子安静闭眼倾听一段时间后,再请孩子们睁开眼睛,分享彼此刚才听到的声音。

第三阶段操作要点

(确定孩子已经能控制自己的意志进入安静,并敏锐知觉环境中的声音后,就可以尝试做此阶段的活动。)

1. 邀请孩子们坐下来,先请孩子们静坐不动,然后轻唤孩子的名字。当孩子听到自己的名字后,再以最安静的移动方式,走到你的身边。

2. 走到离孩子有一段距离的地方(多次练习后,你甚至可以在门边或隔壁房间),轻唤孩子的名字,然后等待孩子安静地走向你。

3. 呼唤所有参与此活动的孩子的名字。

(资料来自网络)

第九课　用正面态度激励孩子的好学上进

☆微型讲坛　　态度和工具孰重孰轻

☆情境故事1　"目的揭示法"真灵验

☆情境故事2　原来学困生也爱学习

☆情境故事3　圣诞节,淘气包送我一个平安果

☆情境故事4　"我不会让班级扣分的"

☆延伸阅读　　坚定而非强硬

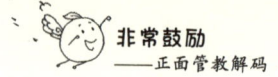

/ 微型讲坛
态度和工具孰重孰轻

正面管教不仅仅有工具,而且还有态度。正面管教工具很多,如共情、非常班会、启发式提问、特别时光、后果体验、花时间训练、赢得合作四步等。正面管教的态度包括和善而坚定、包容、平等、尊重、真诚、关注、重视、友好、理解、体谅、信任等等。其中,和善与坚定并行、相互尊重是最基本的正面管教态度。其实态度与工具的区分是相对的,有时态度能起到工具般的作用,有时工具同时又是态度。

正面管教态度和正面管教工具的关系如何?对此我也有一个认识过程。

最初给老师们讲课时,我是将坚定和善、尊重、平等、信任等正面管教态度与启发提问、特别时光一类工具相并列的,因为《正面管教》一书中也如此。后来发现明确地将正面管教态度和正面管教工具分开,具有重要的实际意义。因为现实中,常常有"态度与工具失衡导致正面管教无效"的现象,而且还不自知。曾经有一位家长,很困惑地告诉我,别人使用后果体验法成功了,我为什么无效呢?我知道这位家长的个性,平时眼里容不得一粒沙子。这次她用上了正面管教的工具,但没有使孩子感受到正面的态度(尽管她已经尽力在修正自己的态度),因而后果体验变成了惩罚,导致了孩子的抵触。只单纯地使用工具,没有相应的态度跟进,教育无效、低效是必然的。

我对正面管教态度和工具关系的特别关注却源于几年前遇到的一件事。一次,因孩子作业态度不认真而困惑的家长王某前来求助,我对她作了一对一的正面管教培训,包括态度和工具的讲解(由于时间紧,许多操作性的工具无法深入辅导)。家长回去后,与孩子作了一次沟通,孩子的作业态度马上有了明显的转变,孩子行为转变之迅速令班主任老师十分惊讶。我仔细考察过王某与孩子的谈话过程,发现她并没有使用哪一个正面管教工具,只是沟通时态度不同于以前了。可以说,孩子这一次的转变,是坚定和善、尊重、信任等正面管教态度帮的忙。既然正面管教态度有如此功效,还需要正面管教的工具吗? 王某与孩子的后续故事又给我们留下了深刻的启示。孩子作业态度稳定一段时间后,又出现了新问题。考试时许多题目常常空着,原因是孩子识字量少,阅读理解能力弱,许多时候无法读懂题目。孩子的考试成绩总是上不去,王某又一次陷入极度的困惑之中。其实这时王某需要运用共情、关注解决问题、启发提问、花时间训练等正面管教工具来应对新的挑战,可是她还没有学会,因而焦虑、痛苦、困惑等负面情绪纷纷袭来,原来的正面态度也荡然无存……这一实例告诉我们:正面管教的工具也十分重要。如果只有正面管教的态度,不会使用正面管教工具,遇到现实问题时常常会捉襟见肘,甚至不知所措。

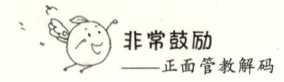

经历那件事以后,我对正面管教态度与工具的关系自然多了几分关注。后来我在"汇智有方 正面管教"微信平台上读到一段话,觉得十分精当,摘录于此,与大家分享。

正面管教态度和工具,这两者同等重要——没有态度,再多方法也会失效;而没有方法的态度,则是有心无力、束手无策。"态度",是掌握正面管教工具的心理基础,而练习和实践正面管教工具,又会加深和内化"态度"。

两者融合在一起,就是我们的正面育儿生活。

既然态度和工具同等重要,在练习使用正面管教工具的同时,千万别忘记修炼正面管教的态度!

/ 情境故事1
"目的揭示法"真灵验

"今天是我从教生涯中最难忘的日子,因为一位曾经让我头痛得要爆炸的孩子,却让我感动得泪流满面。"我的 QQ 签名上至今还保留着这样一段话。这孩子为什么让我感动得泪流满面?故事还得从头道来。

孩子名叫贝贝,是一个很特别的女孩,身材高挑,皮肤白皙,从外貌上看她是一个讨人喜欢的女孩子。三年级时,我就开始在贝贝的班级任教英语,那时的贝贝活泼可爱,上课积极,除了有点被爸妈宠坏的小脾气外,没有什么好挑剔的,当时她是我非常喜欢的学生之一。令我印象深刻的是,那年教师节,贝贝和班上一同

第九课 用 正面态度 激励孩子的好学上进

学一起写了张卡片给我。卡片简单却充满温馨,令我感动不已的是结尾上贝贝说的话:"我们喜欢您 永不讨厌您!"这对我来说,是多么大的肯定与鼓励啊!从此以后在我心里总会记得贝贝带给我的这份温暖。

从三年级到四年级上学期,贝贝一直表现不错,所以我很放心她,也没把过多精力放在她身上。结果到了四年级第二学期,贝贝身上各种问题出现了,上课没有以前专心了,老爱做小动作,为此我十分头疼。有一次贝贝上课又在做小动作,我很气恼,当即叫她站起来回答,出乎我意料的是,贝贝站起来一脸不屑,与我对峙着。我很意外,从那以后贝贝的表现就一天不如一天了,对我的态度也冷淡了许多。比起生气,我更多感到的是伤心。想起贝贝送我的卡片,就觉得分外难受。

到了五年级,贝贝表现得越发叛逆。上课老转过去和同学说话,总是做与学习无关的事,并且对我课堂上说的话置若罔闻。有一天早自习,我发现很多人都迟到,早读老是被打断。贝贝所在的值日组也姗姗来迟。这时其实我心里很明白,贝贝是在有意拖延时间不上自习。我在教室里对迟到的人发了一顿火,回来告诉了班主任,班主任也很生气,回去也责罚了几个迟到的学生。从那个礼拜之后,我有意无意地感觉到了贝贝的情绪。上课的时候,贝贝总是故意弄出一些声响,我在课上讲话时,她总是要唱反调似的来呛一句。我很恼火,但还是忍住不与她接腔,避免在课堂上发生冲突。这样几天下来,我觉得好没有面子,感觉很受伤害。我是一个不会使"狠招"的老师,又能怎么办呢?在无可奈何中挨过了两个多星期,心中感到十分委屈,好心的同事安慰我,这孩子本身有

问题,还列举了一些事实加以佐证。于是我更加愤懑不平,贝贝凭什么这样对待我?很长时间来,愤怒、委屈、伤心、郁闷充斥着我的内心。

然而我深知,这样下去不是办法。为了解决贝贝的问题,我认真阅读了《正面管教》的第四章《重新看待不良行为》。书中指出,孩子的不当行为通常有四类错误的行为目的:寻求过度关注、寻求过度权力、报复、自暴自弃。每一类错误目的,老师都会有相应的感受,比如孩子的行为目的是寻求过度关注,老师则会有心烦、恼怒、着急等感受。当时我据自己的感受推断出贝贝的错误行为目的主要是寻求过度关注。接下去应该怎么办呢?《正面管教》一书作者简·尼尔森曾经说过,每一个孩子的问题行为背后都有他的原因或目的,如果帮助孩子认识到自己问题行为的目的,其动机就会大大削弱,问题行为也可能会消失。想到这儿,我决定试试目的揭示法。孩子本人是不知道自己的错误目的,目的揭示法就是通过启发式提问帮助孩子意识到自己的错误观念的一种方法。

一天中午,我趁着贝贝来交作业的间隙把她叫到办公室旁。我说:"贝贝,钱老师好久没同你聊一聊了。老师今天想跟你说一声元旦快乐,也顺便和你聊一聊好不好?"贝贝虽有点疑惑但还是点了点头。我说:"贝贝,老师想送一份礼物给你,在这之前我们来做一个'猜猜看'的小游戏好吗?"贝贝点点头。于是我说:"我猜,贝贝最近上课爱说话,会不会是觉得老师对你的关注不够,想引起老师的注意呢?"贝贝摇摇头,但从表情上感觉并不是那么肯定。我继续问:"贝贝最近爱说话,会不会是觉得老师不够关心你,感觉自己受到了伤害呢?"贝贝虽然仍然摇头,但从表情上看出内心已经有所认同。我没有继续询问别的行为目的,而是接着说:"其实老师一直想给你的这份礼物,就是给你更多的关注。这么久以来,是不是觉得老师有点忽略了你?"这次贝贝没有摇头,点了点头。我继续说,以前老师没有给你想要的足够的关心和关注,老师真的觉得很抱歉。说到动情处,声音也颤抖起来。

这时我忽然发现贝贝有些不对劲,低头一看,泪珠已在贝贝眼眶打转,我说:"你哭了呀,老师也会忍不住的。"说着也有泪珠从我脸上滑落,即刻贝贝的金豆也落了下来。我忙说:"咱们不掉金豆,被同学看到难为情的!咱们换个地方说。"我立刻挽着贝贝到无人的走廊里,看着她不停地拭泪,我的心也深深地受到了冲击。一直以来让我头痛的贝贝却也有这样柔柔的一面,我一时也激动得说不出话来。调整片刻,我对贝贝说:"以前老师没有对你做到的关怀关注,现在作为礼物还给你。老师也有考虑不周到的地方,老师会努力改进的。从今天开始,老师在课堂上会用眼神关注你,你用微笑回应老师,这样好吗?"贝贝很顺从地点点头,我继续说:"不哭了,来,给老师笑一个好吗?"贝贝笑了,我觉得这是我今天最大的收获了。我说:"小姑娘笑起来真是好看,以后愿意做老师的好帮手吗?""愿意!"贝贝肯定地答道。

看着笑靥如花的贝贝,我却模糊了双眼,今天我真的好感动,好高兴!通过这一次交流,困扰我几个星期的难题终于化解了。

故事本该画上句号了,可第二天贝贝又送给我一份新的惊喜——补来了藏了不知多少天的作业本。我一直如约关注着她,贝贝又回到了从前——既可爱又暖心。

(浙江省嵊州市长乐镇中心小学 钱梦星)

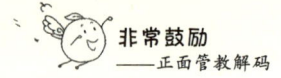

追梦直击

> 目的揭示法的理论假设是：孩子通常不知道自己的行为目的，通过目的揭示法领悟到自己的错误目的后，不当行为的动机会消除或削弱。正如擅长于做目的揭示法的心理学家德雷克斯所说，这是"朝汤里吐口水"。一旦意识到了，就没有多少胃口了。

从《正面管教》一书中可以总结出目的揭示法的几个操作要点：

第一步，开放式提问

首先问孩子是否知道自己为什么会做出某种行为。比如"玛丽，你知道自己为什么要在教室里四处走动吗？你本来应该坐在座位上的。"如果孩子说清了行为目的，就可以作后续引导。通常孩子说不清行为目的，这时就需要继续问下面的问题。

第二步，封闭式提问

这里可用心理学家德雷克斯"会不会是……"的句式来引导。常用的表达方式是："我有一些其他想法。你可不可以让我来猜猜看？你可以告诉我猜得对不对。"如果你的态度客观而友善，孩子就会被激起兴趣来让你猜。然后，你就可以用"会不会是……"句式来提问，如果孩子做出了认同反应，就不需要问下面的问题。

"你之所以在教室里四处走动，会不会是想要得到我的关注，并且让我为你忙活？"（过度关注）

"你之所以在教室里四处走动，会不会是想向我显示，你

想怎么做就能怎么做?"(过度权力)

"你之所以在教室里四处走动,会不会是你因为觉得受到了伤害,并且想要跟我或者别人扯平?"(报复)

"你之所以在教室里四处走动,会不会是因为你觉得自己不可能做出来,所以你根本试都不想试?"(自暴自弃)

要想知道自己是否猜对了,以及孩子是否知道了自己的目的,可以从孩子的表情和语言来判断。

第三步,后续引导

在帮助孩子明白了自己行为目的的基础上,与孩子作进一步的沟通。不同的行为目的引导策略有所不同。如果孩子的行为目的是过度寻求权力,你要承认你没有办法强迫他改变行为,并退出权力斗争。然后,用尊重的方式与孩子讨论,如何使双方由权力之争转向用权力做贡献。如果孩子的行为目的是寻求过度关注,则要引导孩子用建设性的方式来寻求关注,也可以同意关注她的行为。

从上面三步来考察钱老师的目的揭示过程,感觉基本符合操作规范,而且有一定的灵活性和创造性。具体地来说,下面几点颇有启发意义。

1. 注重"解冻"

钱老师与孩子谈话的第一个环节是"解冻"。"老师今天想跟你说一声元旦快乐,也顺便和你聊一聊好不好?""贝贝,老师想送一份礼物给你……"结果引发了孩子的积极反应,赢得了初步的合作。这一步原有操作程序中没有,但它是必不可少的。通常情况下,行为不当的孩子对老师都会有很

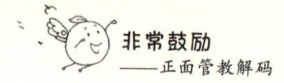

强的防御心理,所以在正式开始目的揭示之前安排一个"解冻"或"破冰"的环节,十分必要。

2. 回避"开放式提问"

初步"解冻"之后,钱老师没有直接问孩子是否知道自己为什么会做出某种行为,而是直接进入封闭式提问的环节。在师生关系紧张情形下,"为什么"这一问题容易引起孩子的误解。正如简·尼尔森所说,孩子的觉察能力很好,解释能力很糟。如果孩子把"友好"误读成"责备",那下面的环节就会无法继续。案例中采用回避策略,真的不失为一个明智的选择。从钱老师的经验中,我们可以得到一个启示:原有操作程序中的开放式问题要慎用,要注意避免副作用,必要时起始阶段的开放式提问可以省略。

3. 围绕同一行为目的反复询问

老师一找孩子谈话,孩子就感受到了关注,并因此马上表现出合作态度,而且第二天还给老师送来了意外的惊喜。这说明"寻求过度关注"确实是孩子重要的行为目的。可针对"寻求过度关注"这一行为目的询问孩子时,前两次都是摇头,最后一次才点头。钱老师判断孩子的真正行为目的的依据是什么呢?从钱老师自述的文字中至少可以总结出三条。其一,教师自身心烦、恼怒、着急等情绪感受与学生寻求过度关注行为目的相对应。其二,从师生关系的演化过程看,原先亲密,后来疏远,孩子感受不到她所期望的关注,就会以不当行为寻求关注。其三,孩子的面部表情有认可老师猜测的信号。

再来考察钱老师的三个重要提问:

提问一:我猜,贝贝最近上课爱说话,会不会是觉得老师对你的关注不够,想引起老师的注意呢?(贝贝摇摇头,但从表情上感觉并不是那么肯定。)

提问二:贝贝最近爱说话,会不会是觉得老师不够关心你,感觉自己受到了伤害呢?(贝贝虽然仍然摇头,但从表情上看出内心已经有所认同。)

提问三:其实老师一直想给你的这份礼物,就是给你更多的关注。这么久以来,是不是觉得老师有点忽略了你?(这次贝贝没有摇头,点了点头。)

从钱老师的三个连续提问中,可以得到一点借鉴:当孩子的认同反应不是十分明确,但老师有足够的理由相信自己的猜测时,可以变换方式反复向孩子确认自己的猜想。当然这时老师需要避免把自己的猜想强加给孩子。

4. 后续引导能及时跟进

帮助学生认识到自己的行为目的后,钱老师及时作了两方面的引导。

第一,与孩子约定,老师会多给你一些关注。("以前老师没有对你做到的关怀关注,我作为礼物还给你。老师也有考虑不周到的地方,老师会努力改进的。从今天开始,老师在课堂上会用眼神关注你,你用微笑回应老师,这样好吗?"贝贝很顺从地点点头。)

第二,引导孩子用建设性的方式来寻求关注。("以后愿意做老师的好帮手吗?""愿意!")

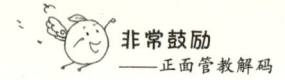

/ 情境故事 2
原来学困生也爱学习

小张是一个长期被老师、同学遗忘的学生。他坐在最后一排，经常与畚斗为伴，任何学习活动好像与他无关，他不用做作业，也不用认真听课，上次数学考试的成绩为 4 分。在前任数学老师和班主任的提醒下，我也渐渐"遗忘"了他。

最近在看到了另一个学困生小陈的进步以后，我决定向他发起冲锋：将他列为明天的故事会——《从 3 分到 73 分》的受益者，将第三枚书签奖给他。期望他能对上课产生兴趣，少做小动作，少影响其他同学的学习。因为他老是在上课时发出声音，甚至离开座位。为了对他有更多的了解，放学后我把他叫进办公室：让他做几道数学题，测试他四年来到底学了多少数学知识，结果竟然得到了一个完全意想不到的测试成绩。

也许是因为我第一次叫他到办公室，他站得很正，一双大眼睛好奇地望着我，似乎在问：有什么事吗？我温和地对他说："我想请你做几道题目，好吗？"他点了点头。我随手给他出了 5 道加减法：15-8，10-6，12-3，8-5，11-4。第一题他就卡壳了，看着我说"我不会"。我告诉他就做会的。过了近 20 秒，他做出了第二题，而且做对了。我马上表扬了他："第一次就做对了，真棒！"还对他竖起了大拇指。他高兴地继续往下做，接着又做对了 2 题（8-5，11-4），第三题花了一分钟多才问我："是 7，对吗？"我说："不是的。你做了 5 题，就对了 3 题，真不错！"然后给他讲怎么算

15-8,讲了多次,他仍没弄懂。于是我又说:"给你做乘除法,行吗?"在他点头后我出了以下几题:$4×2,4÷2,8÷4,4×3,6×5$。他很快做出了第一题,我问他是怎么做出来的。他答:二四得八呀。呵呵,看来他还知道乘法口诀呢!可是后面的题目他就不会了。我又让他拿来了作业本,发现他除了最近三天,其他作业都做了的,但我只改了3次作业(以后就没让他交过)!这时我心中有些惭愧,于是我认真地批改了他的作业,虽然2个多月的作业他只对了20来题口算(而且我认为他是不会做小数乘除法的,这些答案也是看了旁边同学的,那也是个学困生)。我用心地在他的作业本上打了20来个红色的对号,没打一个叉,然后让他将没做的补上,并让他以后的每次作业都单独交给我。这时,我认为已基本了解了他,就让他回家去了。

他走后十多分钟,我起身到教室去看看今天没完成作业的几个学生,在教室外的走廊里,竟然碰上小张拿着本子来找我:"老师,我又做了2题,对吗?"我一看,他做出了15-8和12-3,而且都做对了!想不到他没回家,竟然在教室里认真地做那些不是作业的题目,我真为他感动!于是高兴地说:"真厉害,又做对了2题!"我又教他怎么做除法:$4÷2$就是把4个苹果平均分给2个人,每个人可以得几个?他马上答是2,我鼓励他一番后,又叫他回家。我自己则进教室去辅导别的学生。

我给两个学生讲完题后,一转身竟然发现小张还坐在座位上认真地做着余下的那几题,看他的模样是那么的投入。当时我就傻眼了:原来他也那么好学,原来学困生也爱学习,原来学困生也能认真学习!可我竟然把他给遗忘了!

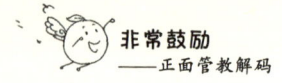
非常鼓励
——正面管教解码

我到过他家,离校 10 里多,不能再让他留在学校里了,于是我告诉他:"你回家再做,明天早晨给我!"让他整理书包回家。

今天,只有短短的半个小时,小张的表现就让教了近 20 年书的我,对学困生有了重新的认识。我们不能放弃任何一个学生,即使他总是没法完成作业,即使他每次考试都只能得个位分。我们做教师的应该多去关心这些被"遗忘"的角落,其实,他们更需要你的关心,更需要你的鼓励,相信你的关注能让他们的内心充满正能量。

(原浙江省嵊州市崇仁镇中心小学　黄少平)

追梦直击

一个成绩只有个位数的学困生,放学后老师两次叫他回家而不回,专心致志地留在学校做题。这学习动力从哪儿来?这与黄老师的正面管教态度是密不可分的。

平时"他坐在最后一排,经常与奋斗为伴,任何学习活动好像与他无关,他不用做作业,也不用认真听课",显然这是一位关注需要严重缺失的孩子。因为得不到老师、同学的关注,他只能通过"做小动作、在上课时发出声音、离开座位"等不当的行为方式寻求关注。不难看出,小张是一个特别需要鼓励的孩子,因为他是被老师、同学遗忘的人,是一个没有价值感和归属感的孩子。

黄老师是怎样鼓励他的呢?主动找他,让他做题目,而且态度是那么和蔼可亲,还不断地肯定他。对孩子来说,也许这是很多年来第一次受到如此礼遇呢!在几十分钟的师生互动中,孩子感受到的是亲近、关注、尊重,还有成功的喜悦,随之自我价值感也在提升。孩子感觉好了,就充满了正能量和学习动力。这正应验了简·尼尔森反复强调的一个理念:"孩子只有感觉好时才会做得更好。"

在上面案例中,没有发现特殊的方法和技巧,给人印象最深的是黄老师的正面态度——亲近、关注、尊重。显而易见,孩子之所以不肯回家而迷恋于做题,受到了老师正面态度的鼓励是一个极其重要的原因。

/ 情境故事3

圣诞节,淘气包送我一个平安果

也许小立就是大家眼中的问题学生吧!上课不专心,爱玩电脑游戏,成绩总在班级中下游徘徊,时常与同学发生矛盾,三天两头就有同学来告状:小立又打架啦!小立把××给打啦!老师们看到他真的很头疼。

上英语课的时候,小立也爱讲话,屡次提醒和教育,都是暂时收敛,他很少真正意识到自己的错误。这个孩子真的让人恼火。以前对于小立的不当行为,我总是采用训导的办法,看了《正面管教》一书后,我想换一种思路试试。"只有孩子感觉糟,才会做得更好是荒唐的,只有孩子感觉好,他才能做得更好。"我一边回味着这几句经典,一边思考着转化小立的对策。

是呀!既然想要孩子有所转变,为什么每一次都要弄得双方

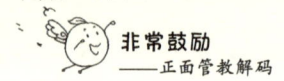

气鼓鼓的呢？如果能让他感觉好一些，自己感觉也好一些，那转变起来不是更舒心吗？于是我在上课的时候对他的态度有了一些小转变，不直接指出他的问题，而是换成善意的提醒。在接下来的几节课中，我有意地鼓励他回答问题，有时还用眼神向他传达关注和友好的信息。发现他上课时坐姿端正，我又当着全班同学的面表扬了他。看得出来，每一次的小关注、小表扬，小立都很受用。

两天后是圣诞节，很多学生都买了苹果送给老师。让我意外的是，小立竟然拿了一个苹果到我面前来，带着点羞涩地说："Miss Qian，祝你圣诞节快乐！"我很惊讶，更多的是开心，忙说："谢谢你呀！"小立走了之后，我一直在想，再多刺的刺猬也有它柔软的地方，关键是怎么让它不以刺示人。《正面管教》里说过，归属感和自我价值感是所有人的首要目标，孩子尤其如此。书中还指出，孩子常常以不适当的方式来寻找归属感和自我价值感，比如以寻求过度关注方式来获得归属感和自我价值感。或许动不动就拿拳头说话的大个子，其内心并不像外表那样坚硬，他软弱的内心正渴望着他人的关注和鼓励呢！从近几天的情况看，小立对别人真诚的关心还是有感受的，如果对他再多一些鼓励和引导，使他找回自己的归属感与价值感，那么对他进行转变就会更容易了。

第二天没有英语课，我到小立的班级上课已经是第三天下午了。上课之前我在想，隔了一天，小立上课会不会又是老样子呢？有一句话说关系决定态度，于是赶紧想办法跟小立拉关系。我把小立找到办公室，问他圣诞节过得怎样，他说和妈妈一起在家看电视。接着我让他复习了几个单词，每一次读出单词，我都给予肯

第九课　用正面态度激励孩子的好学上进

定,如果遇到读错的,就耐心让他跟读一次,并鼓励他:这样子读就很好。临别时我再次肯定了小立上一节课的表现,并对他说出了期待:"希望你一直继续保持这样的状态,老师希望看到你更棒的表现,好吗?"小立点点头。接下来的几节英语课,小立总是坐得端端正正,举手也很积极。但是我心里明白,对小立来说这样的表现只是暂时的,如何让他一直保持良好的状态,这仍然是个艰巨的任务。不过有一册《正面管教》在手,我相信自己会有办法应对新的挑战。

(浙江省嵊州市长乐镇中心小学　钱梦星)

追梦直击

这是一个波澜不惊的故事。乍看上去很平常,细细体会却蕴含着深刻的意义。

小立是大家眼中的问题学生。上课不专心,成绩总在班级中下游徘徊,时常与同学发生冲突。英语课表现也不佳,而且问题行为屡教难改。可以说一开始小立对老师的教育是抱不合作态度的,老师转变态度后,孩子就表现出良好的合作行为。

老师的态度是怎么变化的呢?

"上英语课的时候,小立也爱讲话,屡次提醒和教育,都是暂时收敛,他很少真正意识到自己的错误。这个孩子真的让人恼火。以前对于小立的不当行为,我总是采用训导的办法……"面对孩子爱讲空话的问题,老师当时的做法是提醒、教育和训导,还有直接指出问题。结果自己觉得很恼火,双方

都是气鼓鼓的。可想而知,老师当时的态度肯定是负面的。如果用尊重的态度与孩子互动,即使没有效果,也不会"双方气鼓鼓"。

钱老师学了《正面管教》后,对孩子的态度有了一些小转变:"不直接指出他的问题,而是换成善意的提醒。""我有意地鼓励他回答问题,有时还用眼神向他传达关注和友好的信息。""发现他上课时坐姿端正,我又当着全班同学的面表扬了他。""跟小立拉关系,问他圣诞节过得怎样……""每一次读出单词,我都给予肯定……""临别时我再次肯定了小立上一节课的表现,并对他说出了期待……"

随着钱老师态度的转变,孩子的态度也跟着转变,由不合作转向合作。不是吗?本来课堂上爱讲空话的孩子,现在却"坐得端端正正,举手也很积极"。

教师的负面态度换来学生的不合作,教师的正面态度则能赢得学生的友好合作。这使我想起了回声现象,当老师发出:"我不尊重你"的声音时,孩子必然会回应:"我也不尊重你!"如果老师发出的声音是"我尊重你",孩子往往会以"我尊重你"来回应。当然这尊重不能是虚假的尊重,也不能是跪下来的尊重,而是在坚定和善基础上的尊重。

第九课　用正面态度激励孩子的好学上进

/ 情境故事 4
"我不会让班级扣分的"

我校一直以来生源比较差,所以班里有不良行为的学生相对比较多,如何帮助这些孩子改变不良行为,一直是令我头痛的问题。读到美国心理学家简·尼尔森所著的《正面管教》一书时,感觉眼前打开了一扇明亮的窗。

"归属感和自我价值感是所有人的首要目标,孩子尤其如此。孩子的归属感和价值感是如此重要,以至于这是决定他们在学校的表现——不论是学习成绩还是同学关系的首要因素。"当这一段话映入眼帘时,我豁然开朗了,提升孩子的归属感和价值感不正是我首先应该做的一件事吗?

"一个行为不当的孩子,是一个丧失信心的孩子。当孩子们丧失信心时,他们会在下面四个不恰当行为目的中选择一个或几个:

1. 寻求过度关注——错误观念:只有在得到你的关注时,我才有归属感。

2. 寻求过度权力——错误观念:只有当我说了算或至少不能由你对我发号施令时,我才有归属感。

3. 报复——错误观念:我得不到归属,但我至少能让你同样受到伤害。

4. 自暴自弃——错误观念:不可能有所归属。我放弃。"

这些对孩子不当行为目的的阐释,我颇为赞同。据书中的介

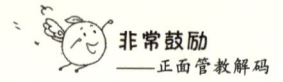

绍,孩子所以出现不当行为,并选择上述错误行为目的,都与归属感和价值感没有得到满足有关。读懂了孩子的心思后,我就尝试运用正面管教策略,帮助新转到我班的周某提升归属感和价值感。

周某在文科高三(A)班读了一个月,10月份转到我们理科高三(D)班。周某转到我们班的原因是:他殴打了高三(A)班里要管他的女生。那女生说:要么周某转班,要么她转校。我还了解到他在高二时与两位同学一起打过门卫,其原因是门卫阻止他们不请假擅自外出。

高三(D)班,这是我高三新接手的,经过一个月时间的教育和管理,班级情况刚刚稳定下来。说句实在话,我真的不愿意中途再转进一个问题学生,他很可能会使我前阶段的努力付之东流。

虽然有些不情愿,但我知道学校领导是考虑再三后决定将周某转到我们班的,我也只能勉为其难了。当时分管副校长对我说:"周某很多教科书都没有的,你只管让他坐着,只要不出事就好了。如果该同学有什么问题,可以直接找我们。"我说那就请他的父母来一趟,因为要教育好该学生,应该家校联手。副校长笑笑:"家长还是不用来了,反正家长也没有办法。"这次沟通下来,我知道该同学已经被家长和学校放弃了,他自己本人呢? 寻求过度关注、寻求过度权力、报复、自暴自弃这些行为目的中,或许有几种或全部吧? 我想我一定要接纳这个学生,要帮助他找到归属感和价值感。

我知道面对这样一个学生,班里肯定有很多人不肯接纳他,我要让学生把这种心声表达出来,然后用正面管教的思路引导他们。当天晚上,我在班级里说:"明天早上,我班将要转进一位新同学,其实大家都认识他,高一、高二上半学期跟你们同班,文理分班时分到文科班的周某。"

听到这个消息,全班一片哗然。

有很多同学在下面叫:"不行,不行……"

也有两个跟周某一起打过门卫的同学在下面喊:"好,欢迎!欢迎!"

等同学们平静下来后,我笑着问大家:"你们是不是不喜欢他回来啊?"

他们说:"是的。"

我说:"一开始我也不喜欢他来我们班。你们先说说为什么不喜欢他回来啊?"

"他回来会扣班级量化分,会影响我们的学习,他反正不读书的,还不如回家去。"

"朱老师,他像黑社会的老大,经常打架闹事。"

"我们好不容易甩掉了他,现在他要回来,班级又不会安稳了……"

我静静地倾听着,等大家七嘴八舌过后问大家:"他变成这样,全是他的责任吗?你们从心底里接纳过他吗?曾经帮助过他吗?"

有些同学低下了头。也有同学在下面说:"朱老师,我们也帮过他,没有用。"

我继续道:"一个人的帮助是有限的,他需要的是我们全班同学和老师的认可和帮助。每个人都有迷失方向的时候,每个人都

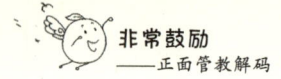

会犯错误。我们是不是应该给他一次改过自新的机会？当你犯错的时候，你是希望每个人远离你还是帮助你、接纳你呢？"

班长站起来说："朱老师，我们会给他一次机会的，但我们也希望他能认识到自己的错误。"

见到这情形，我十分欣喜："谢谢大家，拥有一颗宽容和理解的心，我相信明早周某进来时，你们会给他一个惊喜的。"因为班长是一个机灵的小伙子。

第二天一早，周某一只脚刚迈进教室，教室里响起了雷鸣般的掌声，黑板上写着一行字"周某，欢迎你，重回这个温暖的集体！"周某惊呆了。我趁机说："欢迎周某给我们大家讲几句话。"周某激动地说："谢谢兄弟姐妹们，我保证会努力改过自新的。"教室里又一次掌声如雷。

接下来的几天，我发现周某不迟到，不早退，不违反校纪校规，安稳无事。说句大实话，周某能做到这样已经相当不容易了，但我还是要用正面管教的方法引导他做得更好。

一次，我把周某叫到办公室，搬来一张椅子让他坐在我对面，拍拍他的肩，笑着说："小周，我对你非常满意。一周来，我一直在观察你，我看到你在努力改变自己，你能做到不迟到，不早退，遵守各项校纪校规，真的很不容易，希望你能继续保持。但我觉得你这样坐着也不是办法，你为什么不好好读书呢？"

周某看着我痛苦地说："朱老师，我现在不是不想读书，我以前从来没有好好读过书，现在听老师讲课，就像听天书一样，我怎么读啊！"

我能理解周某的感受，然而我故作神秘："那我给你布置特殊的学习任务怎样？"

周某好奇地说："什么呀？"

"老师不要求你上课、作业和其他同学一样，你自己看教科书，做课后的练习，每天语文、数学、英语自学一节的内容，不懂的地方问同学和老师，怎么样？"

周某想了想说："我试试看，也许看点东西，我会比较充实，就不会胡思乱想了。"

我会意地点点头说："我相信你一定能行的。"我知道，鼓励是改变孩子行为最有效的方法。一个受到鼓励的孩子不需要行为不当。

我又对周某笑笑："你是不是以前从来不打扫卫生的呀？"今天早上我在开寝室长会议时，寝室长反映周某高一开始从来不打扫卫生。

周某不好意思地低下了头。我仍然笑眯眯地："不打扫也可以哦，但你要答应一条，不能把地弄脏了。每天你得飞到床上去，不能碰到大家打扫过的地，可以吗？"不打扫卫生，周某或许是在寻求过度权力（看你们能把我怎么样），这时成人不能强迫孩子做任何事情，不然会陷入权力斗争。

听我说完这番话，周某很爽快地说："朱老师，以后我保证把值日工作做好，我不会让班级扣分的。"

我连忙说："我们班的寝室好像经常会扣分的，比如最后一个人忘了关灯、忘了把洗发液袋丢到垃圾桶里等等。"我这样说是为了引导孩子参与问题的解决。

周某十分真诚地提出建议："朱老师，要不我每天将所有寝室卫生检查好，再到教室学习，我学习学不好，这种事情总得把它做好。"

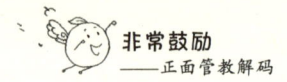

我竖起大拇指又一次表示肯定和鼓励:"我庆幸你能转到我们班来,我相信你能做得更好!"

周某在接下来的日子里,果然实现了他的承诺,没有让班级扣分。

(浙江省嵊州市长乐中学　朱金飞)

追梦直击

朱老师对周某的帮助有两个环节:一是引导全班同学接纳周某;二是找周某谈话,希望他做得更好。

引导全班同学接纳周某这一环节,无疑是成功的。这里且不谈朱老师引导全班同学转变态度的技巧,只讨论一下为什么周某能做到几天里都"不迟到,不早退,不违反校纪校规"?同学们的正面态度——接纳、友好、尊重,是支持周某改变不良习惯的强大动力。

找周某谈话这一环节中,我感觉到谈话氛围特别好,师生之间交谈开诚布公、友好、真诚,学生没有抵触,没有防卫,心里怎么想就怎么说。良好的谈话氛围是怎样营造出来的?学生的合作态度又是怎么引发出来的?两个问题只有一个答案:是老师包容、尊重、平等这些正面管教的态度起了决定性的作用。

周某刚进办公室,老师就搬来一张椅子让他坐在我对面,拍拍他的肩,并笑着说:"小周,我对你非常满意……"坐对面、拍肩、笑,这里每一个细节无一不传递着平等的信息。

"不要求你上课、作业和其他同学一样,你自己看教科书，做课后的练习，每天语文、数学、英语自学一节的内容，不懂的地方问同学和老师，怎么样？"学生并不傻，老师的体谅和包容，他能读懂。

"我们班的寝室好像经常会扣分的，比如最后一个人忘了关灯、忘了把洗发液袋丢到垃圾桶里等等。"这里传达出的是老师的信任。果然学生不负所望："朱老师，要不我每天将所有寝室卫生检查好，再到教室学习，我学习学不好，这种事情总得把它做好。"

在整个师生互动过程中，老师的正面态度随处可见，学生则是投桃报李。

最后我想说，朱老师的做法与众不同。她不但自己用正面的态度去鼓励周某，而且还引导全班学生用正面态度去接纳周某。我也坚信，老师和全班同学的正面态度形成合力，对于改变问题学生会有更强大的影响力。

/ 延伸阅读
坚定而非强硬

有时候我们很难区别坚定和强硬的不同。坚定对孩子很有必要，它提供界限，没有界限会让孩子没有安全感。如果没有界限，孩子就会不断探究父母的极限在哪里。最后容易出现的结果是，他们的行为越来越过分甚至极端，导致受到惩罚，造成所有人的不愉快，破坏了和谐的亲子关系。

妈妈在开车,五岁的双胞胎朱迪和杰里在后座疯玩,他们越来越吵,妈妈越来越烦躁,几次要求他们安静。可是他们只停了几分钟,就又开始大吵大闹,越来越过分。

忽然杰里使劲推了朱迪一下,朱迪直接向前撞到了妈妈的头和肩膀。妈妈大喊:"立刻给我停下来!"她靠边停车,给了两个紧张恐惧的孩子一人一巴掌。两个孩子吓呆了,因为妈妈极少这样暴力。

妈妈其实可以不用暴力为孩子立规矩:她可以坚定,但不强硬。怎么做呢?秘诀就在于:知道如何坚定。强硬,是我们把自己的意愿强加给孩子,我们命令他们怎么做。如果妈妈企图将自己的意愿强加给这对双胞胎,那么带来的只能是反抗和不妥协。坚定,则是做自己应该做的事情。妈妈可以决定自己应该做什么,并做出来。例如,她可以在孩子们不守规矩时拒绝开车,每次他们疯玩胡闹时,妈妈就停下车。她可以说:"如果你们不守规矩,那我就不开车。"然后她可以静静地坐着,直到孩子们停下来,不用多做任何解释。妈妈的态度就能够表明她的立场和坚定。

事实上,有一个妈妈使用了这个方式,结果她带着一个七岁和一个十岁的孩子轻轻松松地开了两千多英里的车,一路上孩子们没有任何冲突或不守规矩的行为。

不带强硬的坚定态度,需要我们首先学会相互尊重。我们要尊重孩子有决定自己意愿的权利,我们也要学会对自己尊重,不让不良行为的孩子摆布我们。

(摘自鲁道夫·德雷克斯、薇姬·索尔兹著《孩子:挑战》)

附录

对行为不当孩子的非常鼓励

众所周知,当学生遭遇困难、失败、挫折和缺乏信心时需要鼓励,当学生表现良好行为时需要鼓励。可又有多少人会想到,孩子行为不当时也需要鼓励!美国心理学家简·尼尔森在《正面管教》一书中特别强调"孩子行为不当时需要鼓励",而且反复申述这种鼓励不会强化孩子的不良行为。由于人们所说的鼓励通常与良好行为相关,而本文论及的鼓励却与不良行为相关,所以我称之为"非常鼓励"。什么是"非常鼓励"?"非常鼓励"的变式有哪些?"非常鼓励"有何意义?围绕这些问题,我想与大家分享一些阅读《正面管教》的心得与体会。

一、"非常鼓励"的含义

根据书中相关文字和案例,可以提炼出"非常鼓励"的内涵:它是指能给孩子力量或能使孩子感觉好一点,且不会有负面效果的态度和做法,包括言语和行为等等。书中展示了很多"非常鼓励"的案例,"黛比的敌意消失了"便是其中一例。

黛比常常拒绝做作业,并且以冷嘲热讽和满脸愤怒来表达敌意。一天,彼得森老师让她放学后留下来。黛比留了下来,看上去

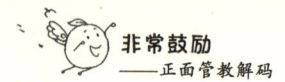

她好像已经准备好了要进行一场战斗。彼得森老师没有提黛比的任何行为问题,却问黛比是否愿意告诉老师昨天晚上她做过什么最好玩儿的事情。黛比不予理睬。彼得森老师想,"这看来没用",但继续说道:"呃,那我来告诉你昨晚我做了什么好玩的事吧。"然后,他说了昨晚自己和家人一起做的那些事。黛比还是拒绝回应。彼得森老师告诉黛比可以走了,但在黛比愿意分享的任何时候,老师都非常愿意听她说好玩儿的事。

彼得森老师有些灰心,觉得这次交流没有什么帮助。然而,第二天,他注意到黛比没有原来那么好生气了,并且没有表现出任何敌意。放学后,黛比还给彼得森老师看她画的一幅画。她解释说,这就是她昨天晚上做的最好玩儿的事。彼得森老师也讲了自己另外一件好玩儿的事。

第一天谈话时孩子带着敌意,可第二天敌意消失了,而且还给老师看自己的作品。孩子的态度已经由敌意转变为友好,愿意接近老师了。这是一个"非常鼓励"的范例,老师在谈话中表现出的友好、尊重、平等、信任等积极态度,使孩子感觉好一点了。这说明孩子受到了鼓励。

二、"非常鼓励"的变式

《正面管教》中呈现的鼓励变式十分丰富,正如作者所说,书中讨论的每一种方法都是用来帮助孩子感受到鼓励的。为便于把握和应用,对书中论及的部分鼓励变式做一梳理。

(一)对孩子表达尊重、真诚、友好和理解

根据作者的观点,成人与孩子交往时,持平等、尊重、信任、友好等积极态度,或对孩子表达理解、体谅、关心,诸如此类都是鼓

励。为什么?因为这些态度和做法,能够使丧失信心的孩子感觉好一点,或者能带给他们信心和力量。现在来考察一下杰森故事中的鼓励因素。

杰森是布拉德老师五年级班里的一个学生,他经常在上课的时候大发脾气,大声向别人宣泄敌意,甚至摔门而出。布拉德老师试过好几种方式的惩罚,比如把杰森送到校长办公室,让杰森放学后留下来抄写500遍要克制脾气的句子,要求杰森离开教室,坐到教室外面的板凳上去冷静,如此等等,结果却让杰森的发作愈演愈烈。

布拉德老师决定试试鼓励。当杰森放学后去见老师时,他看到的是比平时友善得多的老师。布拉德老师首先感谢他肯占用宝贵的时间在放学后留下来。然后,他告诉杰森,老师很想和他一起探讨一个双方都满意的好办法。他还向杰森承认了自己的错误,对杰森说,不论咆哮课堂的行为多么令人生气,老师企图以惩罚来促使杰森表现更好的做法都是错误的,是对杰森的不尊重。布拉德老师继续说,他不愿意再使用任何惩罚,并且需要杰森的帮助。他问杰森,是否愿意和他一起找到解决问题的办法。

杰森还不愿意合作,并且充满敌意地声称,当其他同学惹他生气时,他忍耐不住。布拉德老师表示他很理解这种感觉,因为有时候别人也会让他气得不得了。这句话引起了杰森的注意。他很惊讶地看了老师一眼,眼神里开始显出放松的神情。布拉德老师接着告诉他,他注意到当自己生气时,身体会出现某些反应,比如胃里有个硬结,肩膀变得僵硬。他问杰森自己生气时身体会有些什么反应。杰森想不出来。布拉德老师于是问杰森,他是否愿意做

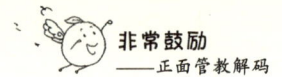

个小实验,下次再发脾气时注意一下自己身体出现的反应。杰森说他会的。他们约好,下次杰森发脾气的时候,放学后来找老师,告诉老师他有什么发现。杰森在课堂上又发脾气是在5天之后——这对杰森来说是一个很长的时间了。也许仅仅是因为布拉德老师以友善和尊重的态度花时间和他谈了一次,杰森就感到了归属感和价值感。他在这段时间内没有感到需要通过不良行为来寻求归属感和价值感。

上面一例中,老师的言谈体现了满满的尊重、真诚、友好,还有平等与理解。这些都起到了隐性或显性的鼓励作用,都是有效的鼓励因素。其中"表达理解"对孩子的鼓励尤其明显。在老师表达理解之前,孩子还充满敌意,老师说到"很理解这种感觉"时,孩子眼里就显出放松的神情。可见,老师的理解也有十分重要的鼓励作用。

(二)认真倾听孩子的意见

当上级或朋友认真倾听你的意见时,你肯定会感受到莫大的鼓励。对孩子也如此。然而,认真倾听孩子的意见,并不是一件容易做到的事情,特别是当孩子的想法与我们成人不一样时,家长、老师都会情不自禁地给予批评和教育。这样的"倾听"不但不能使孩子感受到鼓励,反而会破坏交谈双方的关系。所以确切地说,"非评判式"的倾听才是一种鼓励。

所谓"非评判式"的倾听,是指成人倾听孩子不符合自己价值观的想法时,不做负面的价值判断,当然也不表示支持。只是表现出倾听的兴趣。

记得很多年前我与读高中的女儿有过这样一次谈话。

我问女儿:"某女生很爱买衣服,一个晚上买了许多件。她妈妈说没有必要买这么多。对这事你怎么看?"

女儿用略带不平的语调说开了:"这是因为价值观不同,家长觉得衣服只要够穿就行,其实那样一季只要两件就够了。解决穿暖的问题,用树皮也可以。我们有美的需要和追求。现在我们同学觉得穿去年的旧衣服就背时,一个星期内重复穿几件衣服也不好。最好是一星期内一天换一件……"我知道"一星期内一天换一件"实际上也是女儿自己的心声。

在女儿发表高见的时候,我没有打断她、批判她,也没有支持她,只是饶有兴味地倾听着。正是这种"非评判式"的倾听,鼓励女儿说出了自己的想法,我从中了解到了孩子的内心世界,从而为下一步的引导奠定了基础。

许多家长、老师都很困惑,好好地与孩子沟通,可孩子总是听不进,总是找理由。请问:您与孩子沟通时,做到"非评判式"倾听了吗?沟通过程中不断地批判或说教,孩子阻抗是必然的。成人倾听孩子意见时,用非评判式的态度给予鼓励,孩子的感觉才会比较好,情绪才会趋于平和,才敢于和愿意发出真实的声音,从而敞开自己的心灵之门。

(三)运用启发式提问

书中多次提到启发式提问这一正面管教工具。为什么启发式提问也是鼓励呢? 简·尼尔森这样解释:"如果你用启发式提问而不是对孩子说,你就能收到让孩子更多地参与、更好地理解的效果,并且能营造出更具有鼓励性和尊重性的氛围。"我们自己也可以体会到被说教、命令、要求时的感觉是很不舒服的,而在启发式

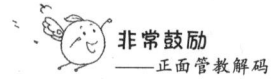

提问引导下,自己进行积极思考和领悟的过程则会有完全不一样的感受。

启发式提问的应用范围非常广泛,它可以用来引导孩子思考解决问题的方法,也可以用于帮助孩子悟理、明理。有一个家长就曾经运用启发式提问来帮助和鼓励孩子。

一个初中学生回家对妈妈说,自修课时我在与几个同学讲闲话,老师用眼睛死死盯着我,我不理他,为什么要盯我一个人?结果老师叫我回家自习,他凭什么叫我回家!

"嗯!这样盯你一个人,你感到很不舒服。不让你在学校自习,你心中很气愤⋯⋯"家长先表达理解,待处理好孩子的情绪后,再用平和的语气启发提问:

"想想这老师盯你一个人的原因可能会有哪些?"

(对我有意见;我讲得响一些;我讲话的次数比较多⋯⋯)

"如果不希望同类问题再次发生,你可以怎么做呢?"

(讲得轻一点;次数少一点;看我时,立即停止讲话⋯⋯)

显然,这种由启发式提问营造出来的谈话氛围,能够有效地鼓励孩子进行理性思考。而说教与责备、批评只能激起孩子的争辩和愤怒。如果要给孩子鼓励,要让孩子感觉好一些,一定要用启发性提问代替说教与责备。

(四)将不良行为转向积极方面

简·尼尔森指出:"要从每个孩子的行为中寻找优点。扰乱课堂的孩子往往具有良好的领导能力。当你看到这一点时,要帮助孩子并且将其不良行为转向有贡献的方向就不那么困难了。有些老师推荐那些把领导能力用于扰乱课堂的学生,参加同伴辅导员培训,让他们用自己的领导能力帮助其他学生。"可以想象,当那些经常因调皮捣蛋而受批评、指责的孩子,能够用自己的优点和能力做一些有意义的事情时,他(她)的感觉一定特别好,特别有自我价值感。为此,日常教育中可用"转向"法来鼓励那些常常违纪而身上又有明显优点的孩子。

即使暂时没有发现孩子的优点、特长,也可以将孩子的不良行为转向积极方面。一个幼儿园老师就做了多次有效的尝试。黛比不愿意在做完手工之后收拾起自己留下的乱糟糟的东西,老师就让她负责教其他孩子像她那样收拾起东西(事先让她学会整理)。肖恩总把其他孩子搭的积木打翻,老师就让他负责教给其他孩子在玩积木时如何合作,并在该收起积木时,帮助其他孩子。

要将不良行为转向积极方面,必须掌握以下操作要点:1. 找到长处或短处,确定转化方向;2. 必要时进行相关培训,如让违纪学生当纪律委员,就要有培训跟进;3. 当孩子做出有积极意义的事时,要及时鼓励。

(五)引导孩子弥补

为什么说"弥补"是鼓励?简·尼尔森曾对弥补的意义做了深刻的阐述:"做出弥补是鼓励,因为它教给孩子社会责任感。孩子们在帮助(弥补)别人时,会对自己感觉更好。以非惩罚性的方式让孩子们做出弥补是鼓励,因为孩子们经历了一个从错误中学习并且改正所造成的任何后果的机会。做出弥补是鼓励,因为孩子们因此知道了他们能够为自己的行为承担责任,而不必担心受到责难、羞辱和痛苦。"

如何引导孩子做出弥补?简·尼尔森在《正面管教》中提供了

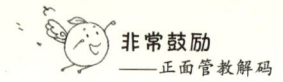

一个生动的事例。

朱迪和琳达用橙子砸邻居家的汽车。妈妈和她们一起坐下来，运用启发式提问和她们进行了友好的讨论。首先，她表示理解孩子的想法："用橙子砸希伯特先生的汽车一定是一次让人很开心的冒险。但是，我愿意先猜测一下。我敢肯定你俩没有想过，当他看见自己的汽车被弄成这个样子会是什么感受。"

姐妹俩面有一点愧色了。

妈妈继续说："你们认为他会怎么想？如果有人往你的汽车上扔橙子，你俩会是什么感觉？"

两个小姑娘承认她们会很不乐意。

妈妈然后问："想想看，你俩能对希伯特先生做些什么来弥补呢？"

两个小姑娘耸了耸肩，说她们不知道。

妈妈继续说："姑娘们，这不是要给你俩找麻烦。我们都会犯错误。这是要从错误中学习，并尽可能弥补过失。你俩都是解决问题的能手。如果你们有辆车，别人用橙子砸了你的车，他们要怎么做才会让你俩感觉好一些呢？"

琳达说："我希望他们说对不起。"

妈妈说："还有呢？"

朱迪说："我希望他们把我的车洗干净。"

……

从上述弥补案例中可以总结出几个要诀：1. 引导孩子弥补时，成人的态度要和善而尊重，切忌惩罚性态度。2. 必要时，可与孩子一起讨论弥补的具体方法。3. 弥补要注意相关性。魏书生班里,学生做错事,就让他做唱歌或做好事(这好事是学生自己选的,通常没有相关性),这样的弥补或许能帮助孩子改变、中止不良行为,但较难发展出责任感。所以要尽可能使孩子的弥补与所做的错事之间具有内在联系。

(六)给孩子一个拥抱

《正面管教》中提到拥抱可以终止孩子的不良行为。"鼓励可以简单到是一个帮助孩子感觉好起来从而做得更好的拥抱。很多年以前,我决定检验一下这个理论。我两岁的儿子一直哼哼唧唧,让我心烦得恨不能揍他。但是,我想到了鼓励的概念,便跪下来,给了他一个拥抱,并且告诉他我多么爱他。不但他停止了哼唧和哭闹,而且我自己的烦躁情绪也神奇地消失了。"读到这个故事时,我回想起了一位大学同学亲历的故事。她女儿刚上小学一年级时特别好动,课堂上做小动作,讲悄悄话,拉扯别人的衣角等行为层出不穷。老师见了非常头痛,于是让孩子到教室后面站壁。这样经历几次后,孩子不敢去上学了。后来家长主动与老师沟通,老师改变了态度和方法,常常在下课时间拥抱小女孩,孩子得到了正面关注,心中充满了正能量,课堂表现自然朝良好的方向发展。为了回报老师的"拥抱",擅长手工的孩子会经常给老师送个手链之类的小饰品。这样一来"老师喜欢孩子,孩子喜欢老师"的良性循环就形成了,后来这女孩考上了北大附中。不难想象,这孩子如果一直受到负面管教,绝对是个问题学生。所幸的是一个充满鼓励力量的"拥抱",把孩子造就成了一个优秀学生。

拥抱对年龄较小的孩子来说,可以尝试,但要注意个别差异,有的孩子不喜欢被人拥抱。此外还要注意总结拥抱的时机及适宜

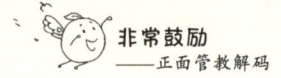

情况。如果一个孩子刚刚打完架时,马上拥抱肯定是冒险的,延时拥抱也未必合适。对上课好动的小女孩,在下课时拥抱就比较适宜。什么时机可以拥抱,什么情况下适合拥抱,这些都需要老师们在实践中摸索和反思。

(七)使用"积极暂停"

"积极暂停"完全不同于以往所指的消极暂停,从本质上来说,前者是鼓励,后者是惩罚。何谓"积极暂停"?当孩子与人发生冲突或情绪激动时,成人用尊重友好的态度引导孩子到暂停区停留一段时间,等到感觉好起来时离开。这就是《正面管教》一书中倡导的"积极暂停"。显而易见,真正的"积极暂停"能使孩子感觉好起来,因而它也是一种有效的鼓励方式。

要有效地使用"积极暂停",得做好以下几方面工作:

1. 帮助孩子认识"积极暂停"的重要性

在使用"积极的暂停"之前,要和孩子谈谈它的好处。要将"冷静期"的价值,以及在解决冲突之前要等待每个人的感觉都好起来的重要性告诉孩子。

2. 让孩子自己布置暂停区

一位幼儿园的老师和她的学生们布置了一个名为"太空"的暂停区。他们在教室的一个角落里挂了一张黑色的网,并且从天花板上垂挂下一些星星。这个角落里放着两个豆子袋,还放着一些书、填充动物玩具以及听音乐用的耳机。让孩子参与暂停区的布置,并让他们用自己喜欢的名字给暂停区命名,这样孩子就不会把"积极的暂停"看做是惩罚,他们会更乐意使用"积极暂停"。

3. 让孩子在暂停时做一些喜欢的活动

很多父母和老师反对在孩子"暂停"时允许他们做些愉快的事情。他们相信,允许孩子玩玩具、读书、休息或听音乐是对孩子不良行为的奖励。这些人深陷于陈旧的观念之中,坚信孩子要遭到惩罚(感觉更糟)才能做得更好,却理解不了当孩子们感觉更好时会做得更好这一事实。

基于"当孩子们感觉更好时才会做得更好"的信念,孩子进入暂停区时,可以让他们做一些自己喜欢的活动。事先成人可与孩子们一起做头脑风暴,提出一些在"积极暂停"时能帮助孩子们心情好转的活动,比如看图画书、玩玩具、听音乐等等。

4. 成人要给孩子做出使用暂停区的示范

有个学正面管教的中国妈妈讲述了一个令她兴奋不已的故事:昨天中午,我使用了"沙滩"(暂停区名字),成功了!中午的时候,因为鱼睡午觉的事情,我很不开心。我告诉鱼:"妈妈现在心情不好,没法控制自己的情绪,需要去书房'充电'一下"……没想到,不久鱼就给了我惊喜。

第二天吃早餐时,鱼忽然说:"我心情不好,一会回来!"然后自己跑去玩玩具。一会儿,又跑回来,说道:"我充好电啦!"我对"暂停角"的使用,立刻影响了孩子!

成人带头使用暂停区,一方面可以引发孩子的模仿行为,另一方面可以给他们传递一种信息:"暂停"并不是什么坏事。

5. 把是否进暂停区的决定权交给孩子

一所幼儿园的老师用一些旧的软布填在几件旧衣服里做了一个"暂停"时用的"奶奶"。老师在需要时会问孩子:"你觉得到

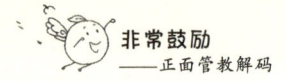

'奶奶'的腿上坐一会儿会不会好些?"注意"会不会好些?"这种问法给孩子两种选择,这是对孩子的极大尊重。为了表达对孩子的尊重,应该把是否进暂停区的选择权交给孩子。

6. 有时"积极暂停"后要跟进"解决问题"

"积极暂停"作为一个鼓励手段,有时使孩子感觉好起来就可以了,有时还得引导孩子直面所要解决的问题。解决了问题,孩子也会有不一样的感觉,也会感受到新的鼓励。

要教给孩子,当他们的感觉好起来之后,如果问题仍然存在,就要紧跟着找到解决问题的方案,或做出弥补。没有必要每一次都马上找到解决问题的方案。有时候,"积极的暂停"已经足以中断问题行为。当看上去确实需要紧跟着找到解决问题的方案时,用启发性提问帮助孩子探讨自己选择造成的后果,并利用自己学到的方法来解决问题,是很有帮助的。

(八)安排特别时光(略)

(九)运用赢得合作的四个步骤(略)

以上是一些重要的鼓励变式,除上面论及的以外,《正面管教》一书中还有应用日常惯例表、提供有限选择、花时间训练孩子、体验自然后果等等,本文不悉数列举。

三、"非常鼓励"的意义

"非常鼓励"对孩子来说,既有长远意义,又有益于当下。

简·尼尔森对"非常鼓励"的意义做了如下阐述:鼓励是给孩子提供机会,让他们形成"我有能力,我能贡献,我能影响发生在我身上的事,我能知道我该怎么回应"的感知能力(也就是自我价值感)。鼓励,是教给孩子们在日常生活和人际关系中所必需的生活技能和社会责任感。确实,从长远来看,"非常鼓励"能够帮助孩子形成自我价值感、归属感以及生活技能和社会责任感。这是"非常鼓励"的最大意义所在,因为自我价值感、归属感等是成功人生的必备条件。

简·尼尔森又指出:自我价值感和归属感是所有人的首要目标,孩子尤其如此。孩子的归属感和价值感是如此重要,以至于成为决定他们在学校的表现(不论是学习成绩还是同学关系)的首要因素。归属感和自我价值感缺失会导致种种不良行为,满足了归属感和自我价值感,孩子产生不良行为的动机会消失。简而言之,"非常鼓励"能够通过提升孩子的归属感和价值感来终止他们的不良行为,并使孩子在学校的学习成绩、同学关系等各方面都有良好的表现。当孩子用种种良好行为替代不良行为以后,快乐和谐的师生关系、亲子关系也会随之而生成,这样成人和孩子都能在其乐融融的人际环境中生活、工作(学习)和成长。

(原稿发表于《班主任之友》(小学版)2013年第11期,此处有删改)

【参考文献】

1. [美]简·尼尔森.正面管教.玉冰,译.北京:京华出版社,2009
2. [美]简·尼尔森,琳·洛特,斯蒂芬·格伦.教室里的正面管教.梁帅,译.北京:北京联合出版公司,2014
3. [美]海姆·G·吉诺特.老师怎样与学生说话.冯杨,周呈奇,译.海口:海南出版社,2005
4. [美]阿黛尔·法伯,伊莱恩·玛兹丽施.如何说孩子才会听,怎么听孩子才肯说.安燕玲,译.北京:中央编译出版社,2012
5. 许维素.建构解决之道——焦点解决短期治疗.宁波:宁波出版社,2013
6. [美]海姆·G·吉诺特.孩子,把你的手给我.张雪兰,译.北京:京华出版社,2010
7. 李中莹.亲子关系全面技巧.北京:现代出版社,2008
8. [美]鲁道夫德雷克斯,薇姬·索尔兹.孩子:挑战.甄颖,译.上海:生活·读书·新知三联书店,2015
9. [美]琳·洛特,简·尼尔森.正面管教家长培训师指南.PDCA教材编译组,编译.北京:中国妇女出版社,2013